Las chicas de la memoria
Antología de recuerdos

Ana Hilda Peña Cepeda
Ana Rosa Beltrán Tellado
Anateresa López González
Angie Cruz Romanacce
Dina de Pablos Martínez
Enid Martí López
Iris Aponte Reyes
Josefina Díaz Sosa
Mariecel Maldonado La Fontaine
Minerva Rosario Rivera
Nancy González Guzmán
Rosa Medina de Jesús
Rosanna Almeyda Ibáñez
Rosarito del Río Muñiz

Edición y prólogo
Anuchka Ramos Ruiz

Diseño de portada y maquetación
Mireya Colón Escalante

Fotografía de las autoras
Carlos Yepes de Pablos
Las fotografías fueron tomadas en la Universidad del Sagrado Corazón como parte del curso en el que participaron las autoras.

Mentoría de escritura y edición
Anuchka Ramos Ruiz
anuchkaramos1@gmail.com

Derechos de autor © 2019: Ana Hilda Peña Cepeda, Ana Rosa Beltrán Tellado, Anateresa López González, Angie Cruz Romanacce, Dina de Pablos Martínez, Enid Martí López, Iris Aponte Reyes, Josefina Díaz Sosa, Mariecel Maldonado La Fontaine, Minerva Rosario Rivera, Nancy González Guzmán, Rosa Medina de Jesús, Rosanna Almeyda Ibáñez y Rosarito del Río Muñiz.

Todos los derechos reservados. Ninguna parte de esta publicación puede ser reproducida, distribuida o transmitida en ninguna forma o medio impreso o digital sin el consentimiento previo de sus autoras, con excepción de las citas breves en reseñas críticas o para fines educativos.

Prólogo	*1*
Ana Hilda Peña Cepeda	*5*
El valor de una sonrisa	*7*
Aquella categoría de cosas	*10*
Ana Rosa Beltrán Tellado	*13*
La copa verde	*15*
El diagnóstico que cambió mi vida	*17*
Anateresa López González	*21*
Filito y Prince	*23*
¡Fefa, la nena!	*25*
Angie Cruz Romanacce	*27*
Tengo una cicatriz	*29*
El intento de volar el hydrocracker	*33*
Dina de Pablos Martínez	*39*
Nana	*41*
Duelo de barro	*45*
Enid Martí López	*47*
Úrsula	*49*
El olor de su cuello	*53*
Iris Leticia Aponte Reyes	*55*
Las habichuelas mágicas	*57*
Las guayabas se comen pintas	*58*
Josefina Díaz Sosa	*61*
Lo sencillo	*63*
Libertad	*66*

Mariecel Maldonado La Fontaine   *69*

    La antigua Plaza de Recreo de Utuado   *71*

    Las doradas ilusiones   *76*

Minerva Rosario Rivera   *81*

    Pedacito de campo   *83*

    La hermana pequeña   *87*

Nancy González Guzmán   *91*

    Pedro Luis   *93*

    Ventanas   *96*

Rosa Lydia Medina de Jesús   *99*

    La comadrona del barrio   *101*

    La belleza cuesta   *103*

Rosanna Almeyda Ibáñez   *105*

    Los ojos de la abuela   *107*

    Bingo   *112*

Rosarito del Río Muñiz   *117*

    Otilio Muñoz Pagán   *119*

    La rosa dormida   *125*

Prólogo

Para hablarles de cómo nació este libro tengo que contarles, si me lo permiten, un par de memorias. Cuando nací todos eran adultos. Mi papá tenía cincuenta años. Mi madre rozaba los cuarenta. Mis cinco hermanas ya sabían lo que era un corazón roto, o eso imagino. Todos habían acumulado historias en las que yo no figuraba. Todos parecían haber andado un camino que, siendo yo la última en nacer, me resultaba muy lejano. Aquellas historias que empecé a escuchar desde pequeña me revelaban algo a lo que no tenía acceso desde mi presente. Otros lugares, aromas y sabores, otros sueños, habitaban en la memoria de mis padres, que antes de ser mis padres habían sido tantas otras personas. En sus memorias, y en las de todos los adultos de mi casa, habían quedado archivadas otras cartografías, otras coordenadas, otros modos de mirar la vida. Quería encontrarlos.

Como escritora, no tardé en advertir que a través de la creación literaria podía recomponer los mundos que me habían sido narrados, hacer justicia poética, buscar los *"what if..."*. Mis ficciones narrativas beben de las fuentes de la memoria familiar y en mi escritura poética reproduzco instantáneas de mi propia infancia ya configurada como una isla de mi propia cartografía. Como investigadora, me aproximé críticamente a explorar la función de los recuerdos en la producción cultural y literaria en Latinoamérica y el Caribe. Así me topé con el campo de los *memory studies* o estudios de la memoria que se encarga de estudiar cómo opera la reconstrucción del pasado en testimonios orales y escritos, espacios o *lieux de memoire*, creaciones audiovisuales y artísticas. Entre lo uno y lo otro entendí que reconstruir la memoria supone darse a la exploración de los límites del lenguaje para capturar lo intangible: el hecho y su huella. Supone además vadear la liquidez del tiempo. Adentrarse a la memoria no consiste simplemente en abrir el baúl de los recuerdos, sino en ordenarlos. Ordenar, a su vez, nos impone el peso de las múltiples verdades que de un solo hecho salen al paso. Nos impone decidir cuál de esas verdades asumiremos como propia, cuál será nuestra versión de los hechos, cómo enfrentaremos la versión que puedan tener los otros. Si se trata de ordenarlos mediante la escritura, a esto se suma determinar cuál será la estructura narrativa y cómo se transmitirá el recuerdo siendo fiel a la experiencia.

En 2018 decidí organizar un curso-taller que respondiera a las preguntas básicas de cualquier persona que deseara escribir sus memorias: "¿Por dónde empiezo y cómo lo hago?". Quizás conviene explicar que desde pequeña mi pasión es la escritura, pero mi vocación ha sido la enseñanza; no concibo lo uno sin lo otro. Este curso-taller me permitía fusionar ambos intereses para una audiencia heterogénea y diversa, conformada por adultos convocados a través de la oferta de educación continuada de la Universidad del Sagrado Corazón. Tenía claro que ante tal diversidad debía balancear el aparato teórico de la memoria como género literario y las estrategias de aprendizaje activo del curso. Esto último respondía al objetivo de que los participantes terminaran con una selección de memorias y una propuesta de publicación, ya fuera para sus familiares o para público general. Sabía también que el alcance y el impacto de este proyecto tenían que ir mucho más lejos: el curso de escritura de memorias debía ser una comunidad, un espacio seguro y solidario para darse a la tarea de repensar y organizar lo vivido, y poder compartirlo.

Así fue como una mañana de octubre encontré catorce libélulas en mi salón de clases. Nunca anticipé el poder que tendría reunir en un mismo espacio a maestras, planificadoras, líderes del sector público y privado, bibliotecarias, nutricionistas y artesanas: mujeres llenas de historias por contar y a su vez llenas de vida para crear más historias. Unas buscaban retomar el pasatiempo de la escritura. Otras tenían clara la meta de tomar el curso para heredar a sus hijos sus memorias. Algunas venían a sanar. También venían a buscar otro aire, hacer amigos, salir de la casa, expandir el círculo. Entre risas y lágrimas y la contagiosa frescura de sus voces las nombré: "Las chicas de la memoria". Como ocurre con todo lo que se nombra, quedó sellada la complicidad. De ella nace este libro.

Ana Hilda, Ana Rosa, Tera, Angie, Dina, Enid, Iris, Josefina, Mariecel, Minerva, Nancy, Rosin, Rosanna y Rosarito son *las chicas,* autoras de esta antología. Cada una presenta dos textos originales que han sido trabajados en y fuera de los talleres. Ofrecen en ellos su mirada a lo cotidiano, a la infancia, a la muerte, a la soledad, al amor y a la maternidad. Sus voces en conjunto son un caleidoscopio de emociones, pues cada una reconstruye sus experiencias desde los lentes de la nostalgia, el humor, el estoicismo, la tristeza, la alegría y el agradecimiento.

Reconstruir la memoria es siempre darse a las trampas del lenguaje que a veces fluye en posibilidades y otras tantas resulta insuficiente para traducir lo vivido. Las autoras de *Las chicas de la memoria* asumen este reto y se dan a la reconstrucción a través de recursos diversos, como el diálogo, la metáfora, la prosopografía, el refraneo, la técnica del inventario, los giros sorpresivos, los aforismos y las descripciones sensoriales. Jugar con estos recursos narrativos es lo que hace la diferencia entre la mera expresión del recuerdo y la propuesta que asumen las escritoras en este libro del recuerdo como una memoria literaria. Como editora, apoyé el cuidado estético también indispensable en un texto literario. Mi tarea se limitó a invitarlas y acompañarlas en este emprendimiento, cuyo producto final tiene usted en sus manos. Por ello, me siento afortunada.

Finalmente, las autoras han seleccionado la libélula como símbolo de este proyecto. De vuelo ágil, la libélula representa la autorrealización y el equilibrio de quien alcanza la madurez espiritual y emocional y con ella se acerca al entendimiento de la vida y sus devenires. Sin embargo, esto no supone que las autoras nos imponen una verdad absoluta de lo que es la vida o de lo que debe ser. Más bien, abren sus alas y nos muestran su vuelo conscientes de que hay muchas formas de bailar o hacer piruetas en el aire; es decir, de vivir y entender la realidad. Valientes, honestas, refrescantes y necesarias son estas páginas en las que las catorce libélulas nos proponen descubrir el vuelo propio, mirarnos, narrarnos, recuperar y proclamar nuestras memorias, pues solo así se puede seguir plenamente dando piruetas; es decir, viviendo.

Anuchka Ramos Ruiz, Phd
Escritora y profesora

Ana Hilda Peña Cepeda

Nació el 7 de mayo de 1961 en San Juan y actualmente reside en Loíza. Disfruta de la lectura de novelas y poesía, de la música romántica y del dramatismo en las películas y obras teatrales. Cuenta con un bachillerato en Administración de Oficina y Sistemas de Información, del Sistema Universitario Ana G. Méndez. Interesada en conocer otros estilos de escritura, además de la comercial, completó una Maestría en Redacción para los Medios en el Programa Graduado de Comunicación de la Universidad del Sagrado Corazón.

Durante 33 años ha trabajado como secretaria en agencias gubernamentales en Puerto Rico. También, ha colaborado como periodista en medios digitales e impresos, como *Helda Hoy*, *Diáspora Dominicana*, *Periódico Maná* y *El Sol de la Florida* (Estados Unidos), con reseñas sobre conciertos, entrevistas y artículos de interés humano —sus preferidos—. Recientemente completó el manuscrito *Las mascotas de mi infancia,* en el que recopila narraciones breves sobre los animales domésticos con los que compartió cuando pequeña. A su vez, imparte los detalles finales a *En la agenda del destino*, su primera novela romántica.

Su hijo y sus cuatro nietos son su verdadera inspiración.

El valor de una sonrisa

Maravillada quedé al ver el fino collar de perlas, que no fue prestado ni extraviado como ocurrió en el cuento "El collar", de Guy Maupassant, aunque, si de valor se trata, en algo pudieran relacionarse estas historias.

"¡Wow, qué hermoso!", expresé al abrir la bombonera de cristal biselado de un intenso color rojo obsequio de mi hijo Omar. Me había insistido tanto en que la destapara, que pensé contenía algún chocolate o dulce de mi preferencia. Recuerdo aquella escena, cuando apenas él contaba con seis años. Ya le había destinado lugar al recipiente: iría sobre el escritorio en mi oficina para guardar los chocolates *Kisses* o bombones de menta. El collar de perlas que guardó en su interior, conociendo mi debilidad por este tipo de joya, me dijo, debía usarlo todos los días.

Las cuatro líneas de siete pulgadas de diámetro de esta delicada pieza quedan entrelazadas, alternándose cada una de las perfectas esferas nacaradas de sutiles colores, como marfil, rosado viejo y gris, que, estando separadas por bastoncillos dorados, convergen en el broche de cierre. Se considera que usar un collar de perlas representa exclusividad y lujo. Por ello, muchos me instan a que lleve la pieza a un joyero para que determine su precio, además de su calidad. De hecho, el collar todavía conserva parte de su lustre, perceptiblemente, no como en su origen debido al frecuente uso. Para mí, su legitimidad es un dato innecesario, pues conozco su valor. Sin embargo, he sentido curiosidad por saber cómo llegó esta prenda hasta aquel bazar que se organizó para recaudar fondos en el colegio en donde estudiaba mi unigénito. Especulé si por equivocación su dueña original lo donó para la actividad o si lo descartó por pasado de moda.

Este collar va más allá del *glamour* o el diseño. Por eso, cuando alguna mujer fascinada lo desea regalado o hasta se ofrece a comprarlo respondo: "No está en venta". Es que ante mis ojos, de tantos collares que poseo con piedras similares, este es único en mi cofre. Tiene para mí más valor que una perla negra de Tahití, aunque su costo solo fuera $0.25 que Omar pagó con parte del dólar que recibía diariamente. Por eso cuento esta anécdota de mi exclusivo collar de perlas, pues siempre rememoro el entusiasmo y la expresión de felicidad de mi hijo al obsequiármelo. Veintisiete años después aún sonríe asombrado al observar que la joya engalana mi vestuario. Y eso me cautiva: el valor de su sonrisa, ¡no tiene precio!

Allí en el cofre de madera en el que guardo mis prendas también hice espacio para una fina gargantilla que fuera propiedad de mi madre. La obtuve cuando recogía sus pertenencias, luego del proceso de duelo a meses de su partida. Acepté quedármela cuando mis hermanas dijeron: "Ese es tu estilo". Al llevarla puesta, creo sentirla cerca o me remonto a los tiempos cuando ella la usaba orgullosa, persistiendo en la combinación perfecta para resaltar su elegancia. Pensándola, sonrío. Desde que la vi, admiré su belleza y delicadeza, aun siendo pura fantasía. Su imitación de gemas verdes y variados tonos de lila intercalan cristales incrustados en un metal liviano, cuyos restos del bañado en oro han ido manchándose con el paso del tiempo y el contacto con la piel. En su broche de cierre lleva una marca en cursivo que no puedo reconocer a simple vista.

Y semejante al collar de perlas, ostentando poco precio comercial, esta gargantilla es especial, es otro tesoro en mi joyero. La considero una "reliquia familiar" que por su delineación también ha causado sensación entre otras damas interesadas en adquirirla. Pero, como prenda que contiene un enorme valor sentimental, ¡tampoco está en venta!

Aquella categoría de cosas

Estaba ubicado en medio de las camas literas en la habitación más grande, la cual todavía resultaba pequeña para albergar el sueño de mis cuatro hermanos y el mío en la casa de Villa Olímpica en Río Piedras, a donde nos mudamos en 1966. Apoyado en la pared, erguía sobre una pequeña mesa de madera oscura cuyas patas desniveladas bailaban al son del bamboleo del aparato: arriba, abajo, de lado a lado.

"¡Adivinen, ¿qué es?!", imagino escuchar a mi padre aquella tarde cuando lo trajo a nuestro hogar. Estaba empacado, cual regalo navideño, con un enorme lazo rojo que adornaba un costado de la cuadrada caja de cartón, empapelada de color verde brillante. "¡Un abanico!", respondimos ante el rápido desempaque. Papá lo había ganado en un sorteo en la Fiesta de Nochebuena que daba la empresa a sus empleados.

Recuerdo que fueron tantos los días candentes y las noches calurosas en que durante años el enser eléctrico cumplió su cometido. Aunque diminuto, el potente ventilador nos refrescó el sueño y el cuerpo a todos en la familia, incluso a la perra en parición y sus crías. Hubo ocasiones, como en el tiempo de su llegada, en que la brisa provocada por sus aspas acariciaba mi piel y erizaba mis bellos, obligándome a acurrucarme en posición fetal bajo una desgastada frisa en chenille color rosa, que era mi favorita. Muchas ilusiones con sus vientos se desvanecieron, empero, también alentaron muchos ensueños en el reposo nocturno.

"Hay que compartir", nos recalcaron nuestros padres desde un principio. Y por eso el abanico se ubicó estratégicamente en medio de las camas. A veces, alguien —de listo— despertaba a medianoche y cambiaba su movimiento giratorio hacia una dirección: solo a su favor. Pero luego, otro, si el calor irrumpía en su reposo, restablecía sus movimientos como era de beneficio para todos: arriba, abajo, de lado a lado.

No olvido, y siempre culpé a la apolillada mesa, que a pocos meses después de haber llegado a la casa ya había perdido parte de su cubierta y se había doblado el borde de sus mallas tras caer al suelo. Por suerte, nunca dejó de funcionar, si bien, en adelante, su encendido tendría maña... Aún en esas condiciones competíamos para ganar su frescura exclusiva, siendo esto contrario al principio inculcado. Al regresar a la casa después de una salida o paseo, quien entrara primero a la habitación y tocara el abanico se premiaba con recibir su viento toda la noche. ¡Muchas veces lo logré!

Con el tiempo, surgió el ruido seco e intermitente que competiría con el peculiar zumbido del pequeño motor que, en parte y desde hacía mucho, se hallaba al descubierto. Cierta aspereza se percibía cada vez que ventilaba, similar a una garganta con carraspera. "Cruch, cruch", sonaba. Parecerá increíble, pero su rumor se hizo pieza clave para conciliar nuestro sueño.

Tampoco su cabezal se sostenía en la posición correcta, como luciendo avergonzado cerca de su posible ocaso, pues su firmeza no era la misma. No obstante, el abanico lentamente respiraba: soplaba, soplaba y soplaba con dificultad. Y, negándose a morir rendía honor al proverbio: "Viejo es el viento y todavía sopla...". Esa durabilidad la achacaba mi orgulloso padre a la marca de su patrono y fabricante, General Electric, impregnada en el logotipo del circular objeto de doce pulgadas.

Una vez crecimos, no sé qué fue de él. Pero recuerdo que el abanico jamás dejó de reconfortar nuestro sueño, incluso cuando ya pertenecía a aquella categoría de cosas que nombramos cachivaches.

Ana Rosa Beltrán Tellado

Nació un 25 de septiembre de 1950 en el pueblo de Lares. Estudió en la Universidad de Puerto Rico. Se casó y se dedicó a educar a sus hijos hasta que estos se independizaron. Por siete años laboró en el Centro para el Desarrollo Personal de la Universidad del Sagrado Corazón, como parte del programa federal AmeriCorps. Esta experiencia le permitió conocer la comunidad santurcina y vivir el servicio comunitario a fondo.

Tras culminar su participación en Sagrado, se mudó a Bélgica con su esposo. Allí vivió siete años en los que acumuló memorias muy especiales de su tránsito por Europa. Regresó a Puerto Rico y reside en Bayamón. Dedica su tiempo a la familia, la lectura y la escritura.

La copa verde

No es una copa fina hermosamente tallada en un selecto cristal la que está tallada en mi memoria como una pieza de lujo. Es una humilde copa, color verde, la única testigo que queda de mi infancia…

No crecí con mis padres biológicos, a pesar de que estaban vivos. Me educó una maravillosa mujer, trabajadora, sencilla. Ella tenía un solo hijo biológico, a quien siempre reconocí como mi hermano, y me acogió a mí y a mis hermanas como sus princesas.

Aunque no solía tomar licor, esa mujer, nuestra madre, tenía dos hermosos juegos de copas, uno tradicional y otro en colores brillantes con base de metal. De pequeña me gustaba mirar esas copas de colores mientras el sol las azotaba. Eran un vitral o un caleidoscopio con sus múltiples tonalidades de verde, azul cobalto, ámbar, violeta. A la chica creativa de la tropa que me habita se le antojaba imaginar que en aquellos matices había lugares mágicos, increíbles.

Las copas solo se usaban durante la Navidad. Nuestra madre compraba algunos licores para preparar una mezcla conocida como chichaíto con la que se combatía el frío de Lares. Recuerdo entre los licores el Viña 25, Vermouth Cinzano, Anís Estrellado y el famoso Don Q. Los licores o el chichaíto se servían en aquellas copas verdes y se disfrutaban acompañados de almojábanas y sorullitos. En aquellas ocasiones, nuestra madre disfrutaba un traguito de Viña 25.

Por esta razón la copa verde que conservo, la última que queda de aquellos tiempos, es tan significativa para mí. En ella veo reflejada a mi madre, su ternura, sus consejos, su esencia y su amor. Puedo sentir la neblina y el frío de mi campo lareño. Y como un eco en la distancia escucho la música campesina con su cuatro, su güiro y sus maracas y esas décimas cantadas con sentimiento hondo. Aspiro el olor a la tierra humedecida por el rocío mañanero, escucho las parrandas con su algarabía. Saboreo los pasteles, el lechón, el arroz con dulce y los turrones. Todo está ahí, en esa copa de cristal verde.

La mente es maravillosa… ¿Cómo puede un objeto sencillo evocar tanto sentimiento, tantos recuerdos?

Gracias, madre amada, por tantos recuerdos hermosos, por tanto amor, porque mis memorias son más dignas de contar cuando tú formas parte de ellas. Brindaré cada Navidad en tu copa, con tu licor favorito, con tu recuerdo. ¡A tu salud!

El diagnóstico que cambió mi vida

"Es leucemia", dijo el médico y se me exprimió el corazón. Como si alguien me hubiera dado un marronazo sin avisar, no podía creer lo que ocurría. En cuestión de horas, Gabriel, mi nieto menor, pasó de ser un niñito rollizo, juguetón y saludable a ser un niño enfermo. ¡Había recibido una sentencia de muerte a sus dos añitos y medio de vida! En cuatro días me mudaba a vivir a Europa con mi esposo. El viaje, por supuesto, quedó cancelado de inmediato.

El dolor, la desesperación y la incredulidad fueron indescriptibles. Sufrí por él, por mi hijo, por mi nuera, por su hermanito. Sentí el peso de toda la humanidad sobre mí, y era demasiado. Bajo el frío de la ducha lloré, grité, maldije y golpeé con toda mi fuerza la pared. Me sentí desolada, burlada, traicionada por el destino. Pero Dios no le da a nadie una cruz más pesada que la que pueda cargar y despertó en mí el espíritu combativo.

Comenzaron las cadenas de oración entre familiares y amigos. Aunque los días pasaban como en cámara lenta y el tratamiento era doloroso, vi a mi hijo y a mi nuera crecerse. Ellos consolaban a otros padres que llegaban al hospital con sus niñitos enfermos y ayudaban a los que venían de otros pueblos fuera del área metropolitana. Se ganaron el respeto y la admiración del equipo médico al punto de que la doctora le refería a otros padres para que les orientaran. Juntos formaron una gran alianza para luchar dentro y fuera del hospital.

Pero la lucha fue titánica. El primer protocolo contra la leucemia no funcionó como se esperaba y esa noticia fue devastadora. Había que comenzar de nuevo y sin certeza de que funcionaría. ¡Oh Dios, cuánto dolor, tanta incertidumbre! Mi mente casi enloquecía y de repente odiaba la vida. "Mami, tranquila, todo va a salir bien", me decía mi hijo mientras se tragaba su propio dolor.

Luego de meses en el hospital lo dieron de alta. Al verlo llegar a la casa lloré de alegría, y también de dolor. Cuando se miraba al espejo y me preguntaba por qué ya no tenía su pelo, yo sentía que un puñal me atravesaba el corazón. Pero Gabriel poco a poco fue respondiendo al nuevo tratamiento y la esperanza renació.

Tres meses después debía partir rumbo a Bélgica, donde me esperaba mi esposo, un hogar y nuevas experiencias. Mi corazón estaba en Puerto Rico. Pero como Dios obra por senderos misteriosos, antes de irme la doctora a cargo del tratamiento de Gabriel me dijo: "Puedes conseguirle un medicamento natural en Europa que es muy bueno. Él tiene asignado el protocolo europeo y eso ayudará a su sistema inmunológico a recuperarse".

Y así fue. Llegué a Bélgica y mi esposo con ayuda de las compañeras del trabajo consiguió el producto y nos apresuramos a enviarlo a Puerto Rico. Gracias a Dios, a un equipo médico de primera y a ese medicamento, mi nieto ganó la batalla contra la leucemia. Hoy es un jovencito saludable, inteligente, buen estudiante y mejor hijo. Queda el recuerdo de esa experiencia como una oscura pesadilla y, aunque mi corazón siente agradecimiento, no puedo negar que en algún lugar de mi mente, agazapado como ladrón en la noche, pervive un pequeño temor que no me abandona y contra el que batallo continuamente.

Anateresa López González

Conocida por sus amigos como Tera, Anateresa López González es amante y voraz estudiante de la metafísica, de la escritura y de la pintura. Escribe sus memorias desde la madurez y las enseñanzas aprendidas a través de los años, y en cada una destaca su humor y positivismo.

Nació en San Sebastián, Puerto Rico. Estudió en el Colegio Espíritu Santo y en la Universidad de Puerto Rico. Participó por varios años en los talleres de pintura en el Museo de Arte de Puerto Rico y en la Liga de Arte de San Juan. Ha expuesto sus obras en diferentes foros. Además, ha sido innovadora al utilizar las cenizas de su madre en pinturas que reflejan su vida espiritual y su pasión por la naturaleza.

Su mayor logro profesional ha sido trabajar y servir de enlace para traer a la Isla el hospital de rehabilitación física HealthSouth, ahora Encompass Rehabilitation Hospital. Es madre de Jorge y Ricardo Calderón, y abuela de Diego y Claudia.

Filito y Prince

Filito era uno de los más pequeños de "la camada" de nueve hermanos: cinco mujeres y cuatro varones. Guapo, delgado y alto, medía seis pies, caminaba derecho y con pasos largos, de *look* casual y despreocupado. "Era el hazmerreír en las fiestas", recuerdo decían. Era cariñoso, siempre saludaba y hablaba con todos, eso que llamamos un tipo chévere. "Era todo un personaje", escuché decir a otros en más de una ocasión. Chistoso, simpático, alegre, familiar, sentimental. Filito lloraba cada vez que recordaba a sus padres y a su hermano mayor, ya fallecidos. Era un hombre honesto, responsable. La vida, con sus altas y bajas era muy buena para él. "Lo tengo todo", decía, "una amorosa esposa y tres excelentes hijos". Para sumar a la dicha un buen día llegó a su vida Prince, un cachorrito German Shepherd. Fue amor a primera vista. Se comunicaban y entendían como grandes y verdaderos amigos.

Filito tenía 46 años y muchos sueños y anhelos por cumplir cuando le diagnosticaron cáncer en los pulmones. Pasó por todas las estaciones del Vía Crucis de tan terrible condición y en cada una de ellas Prince fue su sombra. Aún me parece escuchar aquella recurrente y graciosa conversación:

—Ven aquí, amigo, acuéstate a mi lado.
—Guuuuuaaauuu —contestaba Prince en el lenguaje que solo Filito entendía.

Transcurrieron nueve meses desde el día del fatal diagnóstico. Prince obedientemente se mantuvo al lado de la cama de su moribundo amigo.

—Anoche Prince no dejó de aullar —dijo mamá una mañana—. Dicen que los perros presienten la muerte de sus amos.
—Pues es mal augurio. No ha dejado de aullar por varias noches seguidas —le contesté con mucho dolor.

Transcurrió el tiempo y Filito apenas podía acariciar a su fiel mascota. Con gran esfuerzo, desde su cama dejaba caer su muy delgado brazo y con su frágil mano tocaba el rostro de Prince.

Una madrugada del mes de noviembre ocurrió lo esperado, el desenlace. Filito, aunque con mucha resistencia, partió a ese lugar hermoso que nos describía en los delirios que experimentó durante su enfermedad. Allí, decía, lo esperaban sus padres y su hermano mayor.

Todos sufrimos y lloramos la partida de nuestro amado padre. Prince gimió con mucho dolor, ese dolor que solo los que aman comprenden. Fue tanta su tristeza que por días se mantuvo en el mismo espacio de la habitación que aún guardaba el olor de su amo.

Luego de un tiempo, Prince se transformó, se convirtió en un perro vicioso que sacaba los dientes en señal de ataque a quienes se le acercaban. Mi madre nos reunió a los hermanos y, ante la situación de peligro, nos informó que había decidido enviarlo a la finca de un familiar.

Prince no pudo superar la partida de Filito. Lo próximo que supimos fue que había muerto mientras trataba de escapar… ¡Solo el amor prevalece!

¡Fefa, la nena!

A mis seis años vivía junto a mis padres y hermanos en la casa de mis abuelos paternos en San Sebastián. Era una casa grande y hermosa con mucho terreno a su alrededor.

Un viernes, no recuerdo la hora ni el mes, esperábamos a mi padre que regresaba de su trabajo en San Juan para estar con nosotros el fin de semana. Siempre fui una niña callada y juiciosa, así que nunca entendí por qué esa mañana bajé al patio solita sin que mi madre lo supiera. Lo hice por la escalera de uno de los laterales de la casa que, aunque segura, era empinada para una niña sola.

Al bajar quedé sorprendida al ver un toro que despreocupadamente pastaba por allí. Recuerdo que lo traté de espantar gesticulando con las manos mientras hacía el sonido que había escuchado usar a los adultos para alejar a los perros de la casa: "Shu…shu…shu".

No me obedeció, por el contrario, se enfureció y me embistió. Me atacó con sus cuernos y me elevó por el aire. "¡Fefa, la nena!", fue el grito de espanto y horror de la vecina que alertó a mi madre para que fuera a rescatarme de las "garras" del animal. Todo fue muy confuso. Me cuentan que estuve inconsciente y sangrando por un rato.

Desperté en el hospital muy adolorida. Queda vivo en mi memoria el momento en que me estaban colocando un yeso en todo mi pequeño torso. Recuerdo que lloraba porque me picaba el yeso y el proceso era doloroso. Tenía las clavículas fracturadas, además, el toro también había lastimado el interior de mi boca con uno de sus cuernos.

Mi madre me contó que luego de pasar el susto, aún en el hospital, temían por la reacción de mi padre ante el accidente. Mi padre, Filito, era joven, de carácter "volao" y con la típica "peste a macho" de los hombres de aquellos tiempos. Él le había advertido al dueño del ganado que tenía que reparar la verja que marcaba la colindancia para que los animales no se salieran y se metieran en nuestro patio.

"Te podrás imaginar la reacción de tu papá cuando supo que casi pierdes la vida a causa de un toro intruso. Fueron horas angustiosas, primero por ti y luego por las amenazas de Filito que gritaba que mataría al desgraciao' con un machete. Por suerte, eso no ocurrió", me relató mi madre años después.

Me he autodenominado la "casi Paquirri", como el famoso torero que murió durante una corrida de toros en España. Y digo "casi" porque sobreviví, contrario al pobre Paquirri.

Estoy convencida de que ya queda solo el recuerdo, pues el dolor emocional, me consta, ha sido superado. ¡El amor sana!

Angie Cruz Romanacce

María de los Ángeles Cruz Romanacce, conocida como Angie, nació el 10 de marzo de 1949 en San Juan, Puerto Rico. Cursó estudios primarios en el Colegio del Sagrado Corazón en Santurce. Se graduó de escuela intermedia en la Academia San Jorge y de superior en la Academia Sagrado Corazón. Cursó su bachillerato en el Departamento de Estudios Generales de la Universidad de Puerto Rico en Río Piedras.

Comenzó a trabajar como maestra en la Academia San Jorge. Se casó y tuvo tres hijos. Se divorció y se incorporó como Especialista en Desarrollo y Adiestramiento Gerencial en la Puerto Rico Telephone Company. De ahí pasó a Sun Oil Company en Yabucoa a trabajar como consultora del Programa de Adiestramiento y Desarrollo Organizacional. Se volvió a casar y se movió a Life Savers Inc., en Las Piedras, como Administradora de Servicios al Personal en el Departamento de Recursos Humanos, donde trabajó hasta el nacimiento de su último hijo. Completó estudios como Terapeuta de Masaje, práctica que ejerce.

Recientemente publicó su libro *Todas las abuelas son un árbol* (2019), una compilación de sus memorias de infancia.

Tengo una cicatriz

Desde muy temprano en el embarazo de mi niña, hace 43 años, sentía unos dolores muy fuertes que me despertaban en la madrugada. Comenzaban en lo que llaman la boca del estómago, o la válvula del hiato, y luego de unos minutos se desparramaba hasta la espalda y el vientre. Para calmarme solía mecerme. Quien me viera hubiese creído que intentaba sacarme un espíritu maligno del pecho. Pero no me importaba lo que pensaran, solo quería que se apaciguara el dolor en lo que llegaba al hospital.

Vivíamos en un edificio en la calle Del Parque y el hospital quedaba en la calle San Jorge, así que solo tenía que salir del edificio y cruzar un estacionamiento para llegar. Mientras yo iba por la calle sola, bamboleando mi cuerpo, el papá de mis hijos se quedaba en la casa pendiente de mi primer bebé, que estaba dormido. El plan siempre era el mismo. Yo me iba sola y él me buscaría cuando yo le avisara por teléfono desde el hospital. Si él no iba, no me daban de alta.

Por el embarazo, no me podían sacar placas, así que el médico de turno se tenía que dejar llevar por lo poco que yo le podía describir cuando el dolor me permitía hablar. Él no sabía si eran piedras en la vesícula, problemas con el páncreas o qué. Terminábamos siempre en lo mismo: una inyección de atropina para aliviar el dolor, calmar los cólicos y rendirme a un sueño profundo inmediatamente.

Todas las que han estado embarazadas saben de los particulares antojos de comida. A algunas les da por comer alimentos raros. A mí solo me gustaba comer sabroso. Por nombrar un plato, el embarazo me daba con antojo de arroz blanco con tocino y habichuelas ablandadas en casa con jamón, calabaza, recao, alcaparras, ajo y un buen sofrito. Esto, claro está, acompañado de amarillitos fritos y un pedazo de carne roja… ¡la que fuera! Pero por estos dolores espantosos los médicos me ordenaron una dieta estricta. Todo alimento sabroso me fue vedado y solo me permitían comer ensalada sin aderezo, huevo duro sin sal y alguna gelatina o fruta de postre. Se me hizo muy difícil, sin embargo, solo pensaba en que mi bebé estuviera bien.

El día del parto fue tranquilo y excitante, como tal vez pasa cuando eres multípara y sabes lo que te espera. Yo había tomado los cursos del método Lamaze y sabía por experiencia que si cooperaba relajando mi cuerpo, el parto sería más fácil y corto. Solo tendría que concentrarme cuando las contracciones se pusieran fuertes. Todas duelen, pero la mente puede distraerse. Contaba los segundos que duraban para saber cuándo llegarían a su pico y cuándo bajarían. Así ganaba control y tiempo a favor, además guardaba fuerzas para el momento del pujo. Entre la dieta y mi autocontrol en el parto el resultado fue maravilloso. En pocas horas, ¡nació la bebé más bella del mundo entero! Su salud y la mía eran envidiables.

A la semana del parto mi cuerpo era esbelto de nuevo. La barriguita de recién parida había desaparecido, en parte creo que ayudó haber amamantado a la bebé. Mi busto, por cierto, había crecido a copa D. ¡Me creía una artista de cine! Luego de par de semanas el ginecólogo me dio de alta y decidió que podía volver a mi dieta normal. No había tenido más dolores y estos fueron catalogados como condición del embarazo. Poco a poco fui integrando las comidas deliciosas a mi día a día.

El resultado no se hizo esperar. Otra vez comencé a despertar con dolores insoportables en la madrugada. Los médicos, decididos a averiguar qué me pasaba, me abarrotaron con mil pruebas de laboratorio y exámenes de cuanta cosa pudiera ser. Al parecer lo único que se detectaba eran piedras en la vesícula, pero no estaban seguros. También hubo resultados anómalos en unos exámenes cardíacos, así que decidieron hacer una cirugía exploratoria lo antes posible. Simplemente me explicaron que me abrirían de arriba abajo para "ver qué hay ahí adentro".

La operación comenzó al amanecer y más o menos a mediodía ya estaba en una cama en el área de cuidados intensivos. Me habían extraído la vesícula llena de piedras, el apéndice y sabe Dios qué más. Me dejaron una cicatriz que nacía más abajo del esternón hasta pasar el ombligo. Si me movía, sentía mi cuerpo desgarrarse. No podían inyectarme mucha anestesia porque afectaría el corazón.

Pasaron cuatro semanas antes de que me cortaran los cien puntos que unían las mitades de mi cuerpo. Recuerdo que al sacar la gaza que recogía el drenaje de la cicatriz me arropó la peste a podrido. Aquello parecía un hoyo de bala por el que, más que sangre, se escapaba mi esencia. La cicatriz tardó en curarse. Era profunda y larga. Para que no me doliera tanto curvaba mi cuerpo hacia el frente, pero tal posición terminó provocándome un desvío en la columna vertebral. Por varios meses solo pude caminar mirando al suelo. Mi espalda gritaba por el excesivo estiramiento y mi vientre por sentirse presa de la cicatriz.

Para colmo en la fea cicatriz se formó un extenso cordón de queloide que me hacía llorar cada vez que me desnudaba. No podía quitarme la ropa delante de nadie. No podía usar bikinis como quería. No podía hacer el amor sin abochornarme. Me sentía mutilada. ¿Dónde había quedado mi bello cuerpo?

Me tomó mucha energía espiritual y física luchar contra la idea de mi fealdad o desfiguración. Los años han lavado esta imagen lo suficiente para que yo haya desarrollado otra idea de la belleza. Mi cicatriz, después de todo, me ha hecho una mejor persona.

El intento de volar el *hydrocracker*

Era una mañana de 1984 cuando sonaron las alarmas en la refinería en la que trabajaba. Tal vez era octubre o noviembre. Yo estaba reunida en mi oficina junto con dos empleados resolviendo una situación gerencial. Trabajaba en el área de Recursos Humanos y, entre otras tareas, me había convertido en la negociadora de conflictos obrero patronales de la empresa. En las refinerías cada alarma tiene su significado, pero cuando tantas sonaban a la vez sabíamos que había que salir de prisa. Algunos debíamos ir hacia nuestros carros para abandonar los predios y otros hacia la planta para ayudar a resolver la situación.

Aquella mañana al escuchar las alarmas salí corriendo hacia la entrada que dividía la refinería de los edificios administrativos. El guardia de seguridad que estaba allí me explicó que un empleado rompió con su carro la valla de seguridad, lo encañonó con una pistola Magnum y le dijo que iba a volar toda la planta. El guardia se quedó paralizado mientras el hombre siguió hacia el cuarto de control de la refinería. Le pregunté cuál era el nombre del empleado. Me lo dio y salí corriendo a mi oficina. No sé cómo saqué valor, pero llamé al cuarto de control. "Este quiere volar el *hydrocracker* y nos tiene encañonados para que lo ayudemos", me contestó un empleado entre susurros.

Yo no podía creer lo que escuchaba. El *hydrocracker* es una unidad en la que se rompen con hidrógeno las moléculas del gasóleo, que es una fracción destilada del petróleo crudo y tiene un rango de ebullición más alto que el combustible destilado. Es una unidad extremadamente volátil y peligrosa. Su explosión sería mortal.

Le pedí al empleado que se calmara y me diera los nombres de quienes estaban con él. Luego le pedí hablar directamente con el invasor.

—¿Qué haces? ¿Qué quieres? —le pregunté.

—Voy a volar la planta, salte de aquí rápido, no queda tiempo —me dijo antes de colgar la llamada.

Los pensamientos corrían y se agolpaban sin hacer fila en mi cabeza. Si aquel hombre explotaba el *hydrocracker*, el pueblo de Yabucoa desaparecería. Solo pensaba en mis hijos. Decidí informar a la presidencia y a la unidad de ingeniería, cuyo personal me sorprendió con preguntas técnicas sobre la amenaza. Entonces llamé de nuevo al cuarto de control. Me contestó el mismo empleado y le volví a pedir que me comunicara con el invasor. "¿Qué haces aquí? ¡Te dije que te fueras!", me gritó desesperado.

Sus gritos me llenaron la cabeza de espanto. Pensé otra vez en mis hijos. Debía encontrar la manera de persuadir a este hombre, de llegar a él. Le expliqué con voz suave que quería ayudarlo. "No quiero ayuda, estoy decidido, sálvate", me dijo y colgó. Cada vez que él colgaba la llamada yo me comunicaba con la gerencia buscando algún tipo de dirección, y luego volvía a llamarlo.

No sé cuántas veces lo llamé, cuántas veces le dije que lo ayudaría a resolver su problema. Mi deseo de resolver la situación era gigante. Le pedí que dejara salir a sus compañeros. Entonces, cuando me dijo que él solo no podría volar la planta, le pedí que se quedara únicamente con los compañeros necesarios y dejara ir a los demás. "Suéltalos, tienen hijos", le supliqué. Me hizo caso. Los empleados liberados corrieron hasta mi oficina a donde también habían llegado gerentes e ingenieros. ¡Todos estábamos tan nerviosos! ¡Nunca había visto a tantos hombres llorar!

En momentos así sientes que tu corazón se quiere salir del pecho con sus ruidosas palpitaciones. Los ojos no enfocan, pero no pierdes la lucidez. Tus dedos parecen escaparse de las manos, así que aprietas el puño como si quisieras golpear a alguien. Cuando hablas lo haces tan rápido que la mente se vacía y, de repente, no queda nada más que decir. Cierras la boca, contienes el grito. Pero todo esto nadie más lo puede ver. Afuera, todos ven la aparente calma.

El director de ingeniería me informó que ya habían avisado a un equipo de SWAT y pronto entrarían a la planta. Necesitaban saber cómo sacarlo. Al llegar, el coronel y el negociador de SWAT se apostaron silenciosamente cerca de mí para escucharme repetir como una marioneta todo lo que el invasor me decía por teléfono. Le expliqué al invasor que estaban dispuestos a negociar.

–¡Me vendiste, los llamaste, no te quiero hablar! – gritaba desenfrenado.

–¡Pues yo sí quiero hablarte! ¡Te tienes que calmar! Si no hablas con ellos, te van a matar –le grité de vuelta temblorosa.

Su reacción me asombró. Accedió a entregarse si yo lo iba a buscar. El negociador de SWAT titubeó.

—Ya le disparó a dos personas y las dio por muertas. Ha dicho que le falta una por matar. Tú puedes ser la tercera —me dijo preocupado el coronel.

Salí de mi oficina a pensar y me encontré de frente con una amiga y compañera.

—No sé qué hacer —le confesé llorando mientras nos abrazamos—. Toma mis llaves, busca a mis hijos y llévatelos para tu casa en Humacao. Si esto explota o me pasa algo, llama a su papá para que los busque.

Después de una oración en grupo, me montaron en una patrulla de la policía y entramos a la refinería. Entonces noté que, escondidos tras las columnas que sostenían el *hydrocracker* y los demás equipos, había policías vestidos de negro con armas largas apuntando a la puerta del cuarto de control. Nunca había visto tantas. Mientras se abría la puerta del cuarto escuché cómo las preparaban para el ataque.

El negociador caminó al frente. Llevaba un revólver en la parte de atrás de su pantalón. El invasor salió, gritó mi nombre y yo de un brinco salí de la patrulla para que me viera. El policía que estaba a mi lado me empujó adentro del carro.

—¿Qué haces? —me gritó el coronel.

—Es para que me vea, para que sepa que estoy aquí y entregue el arma.

—Ya te vio, no tienes que estar afuera.

Todos estábamos nerviosos. La razón estaba de vacaciones, los nervios hacían fiesta. El empleado me miró y entregó el arma. Le pedí al coronel que me dejara hablar con él en mi oficina. "Es mi empleado, se lo debo", balbuceé y él aceptó. De vuelta a la oficina los demás me felicitaron entre vítores. Entré y esperé. No quería abrirle la puerta, pero respiré profundo y pensé en lo que tenía que decirle.

—Lo siento, no sé qué me pasó —dijo al entrar cabizbajo.

—No tengo idea de qué va a pasar. Busca un buen abogado. No quiero saber nada más. Tendré que ir a corte y representar a la compañía, ya no podré ayudarte —le dije mientras las lágrimas me bajaban por el rostro.

—Lo sé, lo siento. Sé que me ayudaste.

Cuando se lo llevaron, mi alma se cayó al piso. Esa tarde cuando llegué a casa abracé a mis tres hijitos más fuerte que nunca. Los invité a dormir en mi cama por esa noche, cosa que siguieron haciendo después. No me molestaba, era bueno tenerles cerca, besarlos una y otra vez.

Días después llegaron a la empresa abogados, entrevistadores del gobierno y empleados clave de la oficina central de la compañía en Estados Unidos. Entonces comenzó la verdadera pesadilla. Como sabía, tuve que ir a corte a representar y por eso fui víctima de represalias de la familia y amigos del acusado. Tuve experiencias sospechosas. El primer día que debía presentarme en el tribunal un carro chocó mi guagua por la parte trasera hasta impulsarme debajo de un camión de caña. Recibí un sinnúmero de llamadas telefónicas a mi casa y al trabajo con amenazas. Mientras duró el caso tuve vigilancia policiaca las 24 horas.

Los problemas no cesaron. Por muchos meses, tal vez años, viví mirando de reojo a mi alrededor, velando mis espaldas. Pero como supe aquella mañana, y con mi conciencia limpia, no dudé que la paz llegaría. Esa siempre ha sido mi esperanza.

Dina de Pablos Martínez

Nacida y mimada en Río Piedras para mediados de 1950, Dina de Pablos Martínez es bibliotecaria de profesión y escritora por afición. Es madre de dos varones que la vida le prestó para aprender que todo puede ser tan sencillo como llevar mahones, camiseta y tenis.

Es la escritora fantasma del libro *Río Piedras fue mi canvas: Memorias de William de la Cruz Miranda,* por encargo de la familia como obsequio a familiares y amigos.

Nana

Salíamos temprano de casa para no toparnos con el tapón de la 65 de Infantería. El camino a Carolina, nuestro destino, siempre se sentía eterno. Íbamos mami y yo cantando y jugando veo-veo, y aún así la torre de la Central Victoria tardaba en aparecer. Nunca contamos las luces de la interminable retreta de semáforos para llegar a nuestro destino, pero hubiera sido un buen ejercicio de entretenimiento. Yo tendría seis o siete años cuando comenzaron aquellos viajes en mis semanas de vacaciones. Tío Fael había muerto y la casa de Arzuaga 81 en Río Piedras había sido vendida. Al Nana quedar viuda y sin casa se fue a vivir con tío Pepe y tía Lola en la calle principal a la entrada del pueblo de Carolina.

Era una casa típica con paredes de madera, techo de zinc en dos aguas y cimientos de cemento. Tenía un balcón rectangular a lo ancho de la casa. Una cruz de malta formaba un ceto pegadito a la verja de cuatro pies en cemento y bloques ornamentales. En el centro un portón siempre abierto invitaba a la entrada. Creo que la casa estaba pintada de verde nilo. Tenía ventanas que abrían de par en par durante el día y al caer la tarde se cerraban atravesándoles unas trancas para mayor seguridad.

Al lado de la casa grande había una casita que los tíos alquilaban. Uno de los inquilinos que mejor recuerdo tenía allí un salón de belleza. Como no tenía acondicionador de aire, sus puertas y ventanas permanecían abiertas para mi deleite. Husmear a las doñitas con las caras de tortuta mientras un aparato enorme y ruidoso se engullía sus cabezas enroladas era musa para mi imaginación. Todas cerraban los ojos al ocupar esas sillas. Ese detalle lo recordé muchos años después en mi debut con un secador de pelo cuando también mis ojos fueron obligados a cerrar por el calentón.

Los sábados eran los días más trajinados de la semana en aquel salón de belleza. Ese día los olores mágicos de los alisados, permanentes y pintaúñas me provocaban brotes de estornudos. Para mantenerme alejada Nana, tan sabía como era, me llevaba a una jardinerita ubicada frente a una de las ventanas del *beauty* para que buscara entre algunos yerbajos un trébol de cuatro hojas. "Si lo encuentras, tendrás buena suerte toda tu vida", me decía. Podía estar horas entre el ir y venir de las *beauticians* y mi infructuosa exploración de tréboles. Cuando me cansaba me iba detrás de la casa a mi paraíso.

Allí el corral de los puercos llevaba la delantera entre mis "juguetes" preferidos desde que Nana me presentó a Juan Bobo. En las tardes la ayudaba a tirarle maíz a las gallinas. Mis carcajadas se oían en la casa al ver a los pollitos como locos seguir a su mamá. Un día descubrí que si les hacía amague de tirarles el maíz corrían desorientados al no encontrar los granitos, ¡y para qué fue aquello! Entonces si que mis risas retumbaban en la Plaza de Recreo de Carolina. Esa diversión duró hasta el día que tío Pepe me dijo que a los animalitos se les trata con respeto: "A las gallinas no les gusta que las engañen y se rían de ellas. Dejarán de ser tus amigas". Se me aguaron los ojos, pero luego comprendí que esa regla nada tenía que ver con las gallinas.

A veces quería hacer cosas con Nana, pero ella y tía Lola estaban ocupadas. "Busca algo que hacer en lo que termino de cocinar", me decía Nana. Esa oración venía acompañada de un guiño, que era su permiso implícito para que me fuera a rebuscar. El último cuarto era el de tío Pepe. La entrada estaba vedada, pero mirar por debajo de la cortina que dividía su habitación de la de tía Lola, no. Me daba susto que me sorprendieran ligando un territorio prohibido, pero la curiosidad es incontrolable en algunas personas. Una cama, unas perchas con su ropa, una foto en sepia del día de su boda y debajo de la cama una escupidera. *No biggie.* Después de esos descubrimientos pude seguir mis investigaciones en los demás chiforobes. En esos siempre hallaba algo para pasarla bomba. Uno de esos días encontré unos cancanes y sin pensarlo me los encasqueté en la cabeza para tener la maranta de mi amiguita Laura. No sé cuanto tiempo de vida tuvieron las cancanes luego de aquel primer encuentro. Los dejé de ver durante mis futuras visitas, pero sentir el pelo largo rozarme las espaldas me paró la lengua. "Quiero el pelo largo y alborotao. No dejes que me emperre en cortármelo", fue lo primero que le dije a mami uno de esos días cuando llegó a buscarme.

En la habitación de la tía Lola, al lado de su cama de pilares, dormía Nana en una camita de vigas y madera pegada a la pared. En mis estadías Nana me hacía un nidito y dormíamos acurrucadas la una con la otra debajo del habitual mosquitero. Era un espacio especial que ocupábamos tan pronto las gallinas se acostaban. Luego del ritual de rellenar los espacios entre las vigas con almohadas y colchas, comenzaba la hora del cuento. Nana era una gran cuentista. Juan Bobo, Caperucita Roja y Blanca Nieves eran los más populares.

—Nana, así no termina el cuento —le decía yo cada vez que me cambiaba los muñequitos.

—¿Y cómo termina? Dímelo tú — me contestaba ella con doble intención. Años más tarde descubrí que esa fue mi cuna.

Jamás me aburrí en mi infancia. No recuerdo haber visto un televisor en esa casa y el único radio era para el uso exclusivo de los mayores, específicamente de tío Pepe si estaba en casa. Por más que les expliqué esto a mis hijos, jamás lo entendieron hasta que compramos la casita en Cayey. De mis correrías en Carolina han pasado más de cincuenta años y todavía siento las cosquillas en mi barriga cuando diviso desde la carretera lo que queda de la torre de la Central Victoria.

Nana siempre Nana. Para mí, por mí, en mí.

Duelo de barro

Siempre me gustó aquel enorme purrón de barro montado en el trípode de hierro. Estaba muy bien ubicado en la terraza de su vieja casa en *Beverly Hills*. Cumplidos sus sesenta y pico y ya solos en un espacio tan grande, mi padre analítico y conservador comenzó a repensar el propósito de continuar en esa casa. Era mucho mantenimiento para quienes, según él, ya iban en picada. La curva de los años les iba indicando que había llegado el momento de mover sus bártulos a un apartamento cerca de colmados, hospitales y farmacias: requisitos esenciales después de cierta edad. Por mutuo acuerdo mi padre y su esposa comenzaron la venta y posterior mudanza.

Trasladar una casa a un apartamento es una labor titánica. Exije tomar decisiones y regalar... Así fue como heredé en vida el gran purrón de barro, recipiente de todo lo que a mis hijos se les ocurrió esconder. Desde medias hasta vitaminas petrificadas, el purrón era el hábitat perfecto de papeles, crayolas, sorbetos, semillas y bollitos de servilletas que se confundían en un caldo de tierra que caía del tiesto que adornaba la boca de la vasija. Virar el purrón para montarlo en la guagua fue descubrir el tesoro de los años vividos como una familia tradicional. Vaciarlo unos años después fue abrir el espacio a una nueva etapa como madre soltera de dos varones con una diferencia de edad de siete años.

Mucho tiempo y cien mil memorias después el purrón sigue conmigo, pero los tesoros ya nadie los guarda en él.

Enid Martí López

Nació en San Sebastián, Puerto Rico. Culminó su Bachillerato en Artes de la Universidad de Puerto Rico en Río Piedras, en 1972, época de luchas estudiantiles.

Trabajó durante 30 años en la gerencia administrativa de International Business Machine. Tras retirarse, incursionó en la industria de alimentos con un negocio propio que mantuvo durante cuatro años. En 2013 se incorporó a la fila trabajadora del sector público por otros cuatro años.

Es apasionada del arte y la lectura. Ha participado de exposiciones de cerámica escultórica y escultura de cemento, y también incursionó en la pintura. Su deseo de aprender es constante.

Sus hijos José Arístides, Eduardo y Obed, sus tres maravillosos nietos, Hanne, Eduardito y Gael, su esposo, Rafael Espinell, y su hermana, Mili Martí, son el centro de su vida.

Úrsula

¡A mis 66 años descubrí cuánto me parezco a Úrsula! Era una mujer a la que quería, admiraba y con la que, naturalmente, tuve algunas diferencias. Siempre me he sentido orgullosa de la historia de su vida. Más de una vez la escuché relatar muy feliz y orgullosa las experiencias de su juventud. Al relatarlas contagiaba su alegría. Era una mujer de avanzada. Era mi madre.

Úrsula López Elías nació en San Sebastián, Puerto Rico en 1919. Si estuviera viva, hubiera cumplido ya los 100 años. Sus padres, como herencia de un abuelo español, tenían una hacienda de café en el barrio Percha #2 en San Sebastián. Allí tenían una casa, pero mantenían otra en el pueblo. Entre una casa y otra creció mi madre y sus nueve hermanos: seis mujeres y cuatro hombres.

Mami contaba sus experiencias de niña cuando se unía a recoger café con los trabajadores de la hacienda, a quienes trataban con cariño y respeto. Ella sabía todo el proceso de la cosecha. Recuerdo que me contaba cómo se ponía a secar el grano de café en el glacir. Aún está grabado en mi memoria el olor a saco de la primera vez que vi el glacir en la hacienda. En mis visitas llegué a conocer a muchos de los trabajadores que se quedaron viviendo allí, a pesar de que al morir mis abuelos se dejó de cosechar café. Eventualmente la propiedad fue repartida entre todos los herederos y cada uno vendió su parte.

Mami era la séptima de los hermanos. Dos de los mayores eran médicos y uno de ellos, tío Lilo, que había estudiado Medicina en Heidelberg University, era como su segundo padre. Cuando ella terminó de estudiar en la escuela superior, se quedó en la hacienda porque le fascinaba la agricultura. Pero al cabo de un año tío Lilo le anunció que ella y su otra hermana menor, titi Menta, se irían a estudiar a East Tennessee State University.

Se unieron a la travesía otras cuatro amigas de San Sebastián. Todas zarparon juntas y estuvieron una semana viajando en barco hasta Estados Unidos. Las anécdotas de ese viaje me parecían increíbles. Recuerda que mami me contó que una de sus hermanas mayores, titi Laura, le cosió la ropa que llevaría para su nuevo futuro.

Ninguna regresó a Puerto Rico sino hasta cinco años más tarde. En los veranos y en las navidades se iban a los hogares de otras compañeras alrededor de Estados Unidos. Eran los tiempos de la Segunda Guerra Mundial y no era recomendable viajar. Mami nos contó que en uno de sus veranos trabajó en donde supo después se estaba haciendo la bomba atómica.

Mami terminó su Bachillerato en Economía Doméstica con un *minor* en Química y se quedó trabajando en Estados Unidos hasta que un día su hermano le envió a ella y a Titi Menta el pasaje de regreso a Puerto Rico.

A la vuelta eran dos mujeres totalmente cambiadas, tanto física, emocional e intelectualmente. ¡Regresaron en pantalones y con cigarrillo en mano! Al escuchar la anécdota no podía dejar de imaginar la cara de la familia cuando las recibieron. Estas no eran costumbres de la mujer en la Isla. Fue un choque para toda la familia, sin embargo, respetaron sus estilos de vida. Así mami se desarrolló muy independiente, siendo fuerte en sus convicciones y en su manera de ser.

Al año de estar en Puerto Rico conoció a mi papá, Efraín Martí Marini. Casarse no doblegó el espíritu de mami. Y mi papá era un pan de Dios, o tal vez también un hombre de avanzada. No éramos la familia tradicional de aquella época. Mami era la que llevaba las riendas, se hacía lo que ella decía. No había privilegios ni atenciones especiales para mi papá, como usualmente era en otras familias. Pero mi papá vivía para hacer feliz a mami.

La maternidad tampoco quebró su fuerza. A los pocos años de casados nació Mili, mi hermana. En el parto hubo problemas, así que a la bebé le faltó oxígeno y esto le produjo retardo mental. Poco después nací yo. Mi papá había estudiado Agronomía en el Colegio Universitario de Mayagüez y trabajaba en el Servicio de Conservación de Suelos del Departamento de Agricultura Federal. Por su trabajo, vivimos en Cayey, Barranquitas y Ponce hasta que, cuando yo tenía 6 años, nos establecimos en el área metropolitana.

Recuerdo sentarme en el *counter* de la cocina a mirarla mientras cocinaba, verla cuidar a Mili, decorar la casa bonita y preparar los arreglos de flores. Papi siempre la ayudaba. También la recuerdo cosiendo preciosamente todas las colchas, cenefas y cortinas.

Entre tela y tela, también me cosió el vestido para mi primer día en la Universidad de Puerto Rico en Río Piedras. Era 1968. Todas las mujeres tenían que ir en traje porque el pantalón no fue aceptado en la universidad hasta el año 1971. Recuerdo con mucho amor a mami sentada en su máquina de coser haciendo mi traje. Compró una tela de un material liviano, pero con cuerpo, y con estampado de líneas rosa fucsia, marrón y blanco. El traje era *halter,* pero terminaba con un cuello redondo y todas las líneas se encontraban perfectamente en un triángulo. Cuando me lo medí me fascinó. Entallaba muy bien mi cuerpo y me sentía segura de que ese era el traje perfecto. Lo combiné con unas pantallas redondas también de color fucsia. Me fascinaban, las recuerdo como si fuera hoy. Mis zapatos eran cerrados y color marrón. Como eran nuevos me quedaron un poco incómodos, pero eso no fue importante para mí ese día.

En la adolescencia me molestaba mucho el carácter de mami, siempre tan opinionada, tan fuerte. Pero entendí con los años que aquella fuerza que me parecía un defecto me formó para ser la mujer que soy. Al coserme el traje para mi primer día en la universidad mami hizo lo mismo que su hermana mayor, titi Laura, cuando ella se fue a estudiar a Tennessee. Ella sabía muy bien lo que significaba ese momento, ese paso.

¿Qué hubiera pasado si mi tío no hubiera enviado a mami en aquel barco a Tennessee? ¿Qué hubiera pasado si mami no me hubiese educado con tal fuerza de carácter? Ahora más que hace unos años la admiro enormemente. Quizás porque me parezco más a ella, porque soy fuerte de carácter y muy crítica, leo mucho, coso, decoro y hago arreglos. O, tal vez, porque entiendo que su propósito era enseñarme su fuerza. Mami fue mi barco.

El olor de su cuello

Era una tarde lluviosa en Nueva York. Iba conmigo quien, hasta ese día, era un compañero de trabajo.

Habíamos viajado para una reunión de trabajo que estaba programada para la mañana siguiente. Como siempre, la ciudad de Nueva York estaba llena de gente, ruidos, bocinas, alarmas de emergencia. Las luces de los edificios eran un caleidoscopio, cautivaban. El ambiente te enajenaba de tal manera que hasta resultaba relajante. Llovía, pero nos habíamos preparado para el frío.

Al llegar a la ciudad teníamos unas cuantas horas para pasear por los alrededores de Manhattan. Nunca habíamos asistido juntos a una de estas conferencias, pero él había sido mi amigo por más de 10 años. Lo conocí en mi trabajo y compartíamos nuestras experiencias profesionales y personales. Nos conocíamos bien. Siempre lo encontré guapo y galante, pero nunca había trascendido otro sentimiento.

Aquella tarde a medida que caminábamos se hacía difícil soportar el frío de 30°F. Al verme temblando, él me abrazó. De inmediato sentí que mi corazón palpitaba desordenadamente, me puse nerviosa. Confieso que fue una sensación nunca antes vivida. Entramos a resguardarnos en un hotel en la Octava Avenida. En el *lobby* había un pianista tocando jazz. Había mucha gente y nos tuvimos que sentar muy cerca uno del otro. Podía sentir su respiración, también oler su perfume en su cuello. Él temblaba. "¿Te pasa algo?", le pregunté. Él me respondió que no, pero continuaba temblando.

La música, el ambiente, sentirlo tan cerca. Sentía que flotaba. De repente los dos movimos a la misma vez la cara, el uno hacia el otro, y surgió un beso natural, lleno de ternura, suave, sabroso.

Al otro día me desperté asustada. Todo fue tan acelerado. "Enid, tienes que pensar con la razón", me decía a mi misma. Pero pudo más el corazón. Su presencia y el olor de su cuello me cautivaron para siempre.

Con este hombre he pasado 20 felices años en este viaje que se llama vida.

Iris Leticia Aponte Reyes

Nació el 30 de enero de 1962 en Humacao, Puerto Rico. Completó una Maestría en Trabajo Social en la Escuela Graduada de Trabajo Social de la Universidad de Puerto Rico, en Río Piedras.

Actualmente ejerce la profesión con pacientes de salud mental. Además de escribir, la pintura es su pasión. Esta es la primera vez que participa en una publicación literaria.

Las habichuelas mágicas

Por alguna razón que yo a mis 4 añitos desconocía titi Fina nunca tapaba bien la olla de las habichuelas. A la hora de la siesta, apagados los ojos, encendidos los oídos, todo cobraba una vida diferente.

La olla de las habichuelas se ponía a cantar, distrayéndome de mi firme propósito de dormir la obligada siesta. A esa misma hora, afuera el viento movía las cañas, como un nana en susurros. Pero la olla cantaba y cantaba, por encima de las cañas, anticipando la cena que venía tras la siesta.

Pap, pap, pap. Las habichuelas son musicales. Pap, pap, pap. Ponen la tapa de la olla a cantar. Me volteaba para el otro lado, ponía atención al susurro de las cañas. *Pap, pap, pap.* Pero en vano podía ahogar la canción de las habichuelas, el canto rítmico de la tapa brincando. *Pap, pap, pap.* Tarde o temprano, me dormía.

Al despertar, las habichuelas ya no cantaban, olían. Encima del arroz se convertían en el manjar de los dioses. Pero sabía que al día siguiente estarían, otra vez, prestas a poner la olla a cantar un *pap, pap, pap* a la hora de la siesta.

La vida con sus azares me ha regalado muchas noches de insomnio. Curiosamente, las habichuelas musicales ya no son distracción a la hora de dormir. Encuentro mi consuelo apagando los ojos, evocándolas con el *pap, pap, pap* de la tapa de la olla que, como una canción de cuna, aún desde la memoria me transporta al mundo Morfeo.

Las guayabas se comen pintas

Allá estaba el palo de guayaba, al lado del rancho de lavar la ropa. Su tronco marmoleado se dividía en una horqueta como un tira-vete. Era inmenso, viejo y en su temporada se cargaba con unas redondas guayabas dulces. Pacientemente mis primas, mi hermana y yo, esperábamos que las flores se convirtieran en guayabitas chiquitas y verdes. De tanto verlas parecía que se daban puesto para crecer y madurar. A medio camino "se pintaban". Allí quedaban, ni verdes ni maduras, guayabitas pintas.

A veces, mi antojo llegaba al punto del delirio y me comía una. Aunque vestida de un amarillo verdoso, su pulpa prometía el rosado dulzón de la guayaba madura. Pero su sabor era, paradójicamente, entre lo dulce y lo amargo. Había que esperar. Unos días más y las guayabitas pintas se convertirían en golosos regalos amarillos que colgaban de las ramas.

"¡Arriba, a encaramarse a comer guayabas!", nos decían las tías cuando las frutas estaban listas y podíamos treparnos al árbol. Recuerdo treparme, agarrar la guayaba, morderla y cerrar los ojos para sentir mejor el dulzor de su pulpa. Las manos, la cara, toda yo inmersa en su olor.

Un día alguna de las tías, que pudo haber sido Tití Iris, Tití Fina o Tití Áurea, nos dijo: "¿Ustedes miran las guayabas antes de comérselas? Tienen que abrirlas para ver si tienen gusanos".

"¡Qué, qué! ¿Gusanos?", gritamos. Solo hace falta la adultez para romper el hechizo de la mirada de una niña.

Allá arriba, encaramadas en la horqueta del palo, abrimos guayaba tras guayaba encontrando, para nuestro horror, que estaban habitadas por unas cositas transparentes que se movían. Pal piso, otra más, pal piso. Y así se apilaron un montón de guayabas hermosas a los pies del árbol.

Entonces nos miramos, como solo saben hacer las niñas. Si hasta ahora, las guayabas con gusanos no nos habían matado... ¡las guayabas se comen sin mirarlas! Así lo decidimos y continuamos el festín.

Yo, por mi parte, una vez supe del proteínico interior de las guayabas, las comía con cierto recelo, hasta que el olor y el dulzor se imponían sobre esa realidad y ya no importaba.

Eso fue hace unos 50 años y aquí estamos todas las primas para contarlo. Eso sí, ahora veo cómo quedó atrás la niña para quien todas las guayabas eran creadas iguales. En aquel entonces yo pensaba que con gusanos o sin ellos eran deliciosas. Pero la adultez no pasa sin dejar rastro y mi consigna ha cambiado: las guayabas, señoras y señores, se comen pintas.

Josefina Díaz Sosa

Nació en San Lorenzo, Puerto Rico. Completó su Bachillerato en Artes de la Educación y su Maestría en Administración y Supervisión en el Sistema Universitario Ana G. Méndez. Trabajó en el Departamento de Educación hasta su retiro en 2007. Durante ocho años trabajó como profesora en Mech Tech College.

Disfruta del campo y de la naturaleza, así como del arte de hacer manualidades y de la música. Su debilidad es el sonido de las aves en la madrugada porque le inspiran para realizar sus tareas diarias.

Lo sencillo

Una tarde de 1970, cuando apenas había cumplido mis dieciséis primaveras, me fui a curiosear con tres amigas al río Grande de Loíza. Situado en la costa norte de la Isla, este cuerpo de agua que desemboca en el océano Atlántico tiene su origen en San Lorenzo, mi pueblo. Tal vez pocos saben esto, porque su nombre es asociado con el pueblo de Loíza, en donde el río formó un lago. Para muchos, es el río más caudaloso de Puerto Rico, también el segundo más largo. En mi memoria es el lugar en donde hallé uno de mis amuletos más importantes.

Aquella tarde mis amigas y yo decidimos bajar por el torrente desde la montaña en San Lorenzo. Allí vivían unos familiares míos que tenían un terreno con accesibilidad al río. Queríamos experimentar y ver cómo el hermoso río fluía en enormes cascadas. No tardamos en descubrir la belleza escondida a través del inmenso caudal que se volcaba sobre las piedras.

Yo observaba y admiraba las profundidades tranquilas de sus aguas mientras continuamos la caminata bajando, pisando fuerte y sintiendo el contacto de las piedras duras en nuestros pies descalzos. Hablábamos, reíamos, mirábamos todo a nuestro alrededor. De momento, entre tantas piedras grandes me extrañó ver una curiosa piedra pequeña. Me acerqué y llamé a las muchachas: "Vengan para que vean esta piedra". La levanté del agua y me fijé en su forma ovalada y su textura un poco suave. Era diferente a todas las que había alrededor. "Chica, bota eso, ¿para qué vas a cargarla?", me dijo una de las muchachas como leyendo mis intenciones.

Le contesté diciéndole que me parecía muy bonita y que me la llevaría para ponerla en el cuarto y que me hiciera compañía. Todas rieron a carcajadas, y yo les seguí la corriente. Disfrutaba de la alegría del momento, de aquel encuentro que me colmaba de tranquilidad. Pero, aunque el día lucía lleno de encantos, las aguas tomaron un curso lento y empezaron a correr pardas, como si tuvieran melancolía. Entonces, las rocas más grandes comenzaron a impedirnos el paso y el camino se fue limitando. Esto nos obligó a suspender la travesía. Sin embargo, recuerdo que cada minuto de aquella tarde me dejó una lección.

Pasaron los años y aquella piedra continuó acompañándome. Cuando me casé, la ubiqué en mi recámara. Recuerdo que el padre de mis hijos me preguntó de dónde la había sacado y le conté toda la historia. Me dijo que parecía un hacha indígena. ¿Lo sería? Otros me han dicho que es simplemente una piedra más. ¿Será así? No lo sé. Para mí es un gran recuerdo, la huella de aquella tarde que ha marcado mi vida con ternura. No sé en realidad si es una piedra especial, un hacha indígena o una artesanía a medias. Lo que sé es que es parte de mí.

Esa piedra es el único objeto, más allá de mi memoria, que confirma la felicidad de aquel momento cuando caminábamos con los pies descalzos sorprendidas ante la majestuosidad del río. Ninguna sabía en aquel momento qué le depararía la vida, pero el inmenso río y la benevolente naturaleza nos preparaba. Y es que aquella tarde evocamos nuestro espíritu joven, nuestro respeto por la tierra, el amor de la amistad, la prudencia de saber decidir cuándo es necesario repensar el camino.

Casi 50 años después, cada vez que miro la piedra que aún mantengo en mi habitación como un amuleto, recuerdo la lección: la hermosura de la vida siempre está en lo sencillo, aunque otros no lo entiendan. Confío en que algún día sean mis hijos los custodios de esta memoria, de esta lección y, por supuesto, de la piedra.

Libertad

"¿Cómo lo ayudo sin hacerle daño?", pensaba mientras lo miraba. Era tarde y daba la sensación de que el cielo se movía con rapidez porque sabía que yo había terminado las tareas de la casa. Había salido a tirar la basura cuando un ruido inesperado me sorprendió. Al descifrar de qué se trataba me desesperé. No sabía cómo afrontar la situación, pero tenía que actuar con rapidez. El ruido venía de una casa en la que hacía mucho tiempo no vivía nadie, estaba completamente vacía. Así que aquel animalito que brincaba desesperado contra la tela mecánica de la verja no debía tener dueño.

Me acerqué. Era un gato blanco y gris. Su cabeza estaba atrapada en un pote que le impedía moverse, pues sus ojitos se encontraban en plena oscuridad. "Sí, debe estar abandonado", confirmé al ver lo desnutrido y descuidado que estaba. Debió ser esa la razón que lo llevó a meter su cabecita en un pote que le dio olor a pescado. Andaba buscando comida.

Intenté agarrarlo varias veces, pero no se dejaba. Brincaba y chocaba contra la misma verja una y otra vez. Él no era el único nervioso. Daba pena aquella escena. Me sentía triste como la apresurada caída del sol. Me acerqué un poco más tratando de ganar su confianza. Después de un largo rato pude con mucha dificultad agarrarlo. Noté que se quedó un poco más tranquilo. Lo alcé en mis brazos y me fijé en el pote que era uno de esos que tienen un corte levantado a su salida.

Intenté sacar su cabeza atorada sin lastimarlo, pero era muy difícil. Quería liberarlo, ¿pero cómo? Se me ocurrió untar un poco de aceite alrededor del borde de la lata. Pensé que si tal vez le empapaba el cuello atorado sería más fácil liberarlo. Subí con él a mi casa. Lo sostuve entre mis manos mientras buscaba una botella de aceite de bebé que tenía en el baño. Salí de nuevo y me fui a la parte de abajo en donde tengo una mesa. Allí lo recosté y comencé a untar el aceite. Con cuidado, tratando de no lastimarlo, lo halé suavemente hasta que por fin salió. Si rápido fue liberado de la oscuridad, más veloz fue cuando brincó al suelo y arrancó su carrera a la calle.

Mientras lo vi correr recuerdo que pensé en la gente que no tiene piedad con los animales, en cómo ellos sienten y padecen tanto o más que nosotros. Me puse en el lugar de aquel animalito atrapado. Debió sentir angustia, miedo, dolor, hambre, sed, mucha sed…

Me sorprendió la noche con una sonrisa porque entendí que, aunque sabía que nunca más lo volvería a ver, mi propósito aquella tarde fue cambiar todas esas sensaciones negativas por su libertad.

Mariecel Maldonado La Fontaine

Nació y creció en Utuado, Puerto Rico, hasta 1966. Es egresada de la Universidad de Puerto Rico en Río Piedras, siendo la primera mujer de su familia en hacerlo. Tiene un Bachillerato en Ciencias Sociales (1970) y una Maestría en Planificación Urbana (1980). Está casada con su actual esposo desde 1972, con quien tiene en común tres hijos y dos nietos.

Se ha desempeñado como Planificadora en la Oficina de Planificación del Municipio de Caguas y en el Consorcio Carolina-Trujillo Alto, como maestra de escuela elemental para el sistema de educación pública de Puerto Rico y como Especialista en Sistemas y Procedimientos en la Administración de los Tribunales, de donde se acogió a la jubilación en 2010.

Ha participado activamente en el movimiento cooperativista y en las luchas por el feminismo en Puerto Rico. También ha sido parte de las juntas de directores de organizaciones profesionales y de base comunitaria. Es coautora, con otras cinco planificadoras, del libro *Planificación para un Puerto Rico Sostenible: Fundamentos del proceso* (2016, Ediciones Puerto, San Juan, Puerto Rico).

La antigua Plaza de Recreo de Utuado

En las décadas de los cincuenta y los sesenta del pasado siglo XX la Plaza de Recreo de Utuado era el centro y lugar de encuentro obligado de las familias del área urbana y rural del municipio. A su alrededor había numerosos comercios de todo tipo: tiendas de tela, ropa y zapatos, farmacias, oficinas de médicos privados, mueblerías, ferreterías, efectos escolares, salones de belleza, cafeterías, fondas y cafetines. Presidía el conjunto, sobre un montículo al este, la Parroquia de San Miguel Arcángel, un hermoso edificio construido en el siglo XIX.

La plaza constaba de dos espacios: la parte alta, que daba por el este por la fachada frontal del templo parroquial, y la parte baja que daba al oeste, unidas ambas por unas ligeras escaleras. La parte frente al templo era la de las interacciones más frecuentes de la población en los mítines políticos y las fiestas patronales. La tarima para estos eventos se ubicaba adosada al muro de la parroquia en la parte izquierda, frente al salón de belleza de Amy Matos. En los días de semana no había tanto flujo como en los sábados. El comercio siempre tenía muchos clientes porque en los cincuenta y los sesenta aún había mucha actividad agrícola y dos fábricas urbanas que le daban vida al centro. Además, todavía se usaba el sistema de crédito en las tiendas para saldar con el producto de las cosechas o el trabajo asalariado, pues no existían las tarjetas de crédito.

Este segmento superior de la plaza tenía un árbol copudo de extensas raíces aéreas, lleno siempre de pájaros y piojillos, sembrado en un redondel que antiguamente había sido una fuente repleta de sanguijuelas. Según contaba mi padre, en los años treinta y cuarenta muchos metían los pies para hacerse sangrías gratuitamente, por lo cual decidieron rellenarla y sembrar el árbol. Había también numerosos bancos en torno a triángulos sembrados de grama y flores ornamentales, cada uno con un árbol más pequeño en medio. Entre los triángulos había unas sendas por las que paseábamos las muchachas en las noches de procesiones y fiestas patronales. Los varones se apostaban en el perímetro a vernos pasear de dos en dos y de tres en tres y ocasionalmente se nos unían y buscaban dónde sentarse para hablar de sus amores, siempre bajo las inevitables miradas de chaperonas, hermanos y conocidos.

La parte baja de la plaza era un lugar extenso que se usaba mayormente durante las fiestas patronales para instalar la estrella, los caballitos, el gusano y otras atracciones. En la calle que daba al sur se instalaban las picas, que era la diversión de juegos al azar para los mayores. En esta calle estaba localizado la antigua oficina de correos, la alcaldía y la logia masónica, instituciones de gran importancia en nuestro pueblo y a las que acudía bastante público. La segunda plazoleta era también lugar predilecto de chicos y jóvenes para correr bicicleta y patines, por la seguridad que ofrecía.

El espacio de la plaza se transformaba completamente durante las esperadas fiestas patronales en honor a San Miguel Arcángel, que para los utuadeños eran una suerte de carnaval. Estas iniciaban el viernes del primer fin de semana con "La Diana", que consistía de un grupo de músicos que a tempranas horas de la mañana recorría las calles del centro del pueblo. Ese mismo día se celebraba por la noche un desfile a su alrededor que culminaba con la coronación de la Reina de las Fiestas Patronales en lo alto de la escalinata que daba al templo católico.

Las fiestas tenían su magia especial para los pequeños, pues venían los caballitos y otras atracciones en las que ansiábamos montarnos. Para los adolescentes era el tiempo de conseguir novio si no lo habías hecho en la escuela y para los mayores la oportunidad de apreciar a los mejores artistas, tríos, orquestas y magos en los espectáculos nocturnos. También era la oportunidad de probar suerte en las apuestas en los caballitos pequeños de las picas, donde muchos quedaban atrapados por la ambición de "librar la chiva". En aquellos años, el animador por excelencia de la tarima era Paco Morales, con su voz varonil, buena dicción y excelente manejo de las pautas publicitarias de los negocios locales.

Lo que mejor recuerdo de las fiestas era el aire surreal de feria. Los alrededores de los quioscos de las comidas se saturaban de los deliciosos olores de las frituras: crujientes bacalaítos, sabrosas alcapurrias y rellenos de papa que nos restringían las madres en nuestras casas. Entremezclados con estos aromas, y más cerca de las picas, se aspiraba el vaho maloliente a cerveza rancia y cubalibres calientes, derramados en las calles junto con la peste a orines de los varones que no podían esperar ir a los baños de los repletos cafetines circundantes. Acuden también a mi memoria los perfumes penetrantes de jabón y polvo Maja que despedían algunas mujeres de labios encendidos, pantallas grandes y trajes escotados, algunos de floreados chillones y de estrechas faldas tubo. Otras, por el contrario, lucían amplias faldas con cancanes susurrantes. También atesora mi memoria los olores del estallante dulce *popcorn* multicolor que inundaba el área aledaña a los caballitos a los que me llevaba papi y al del algodón recién hilado por el mago que lo dispensaba y que tan pronto llegaba a la boca se disolvía al tocar mi lengua ávida.

Al volver a ver esa plaza hace un par de años, aunque remodelada recientemente, sentí una nostalgia dolorosa por el deterioro actual de la pujante vida económica de entonces. Utuado fue el primer pueblo del interior de Puerto Rico, fundado por una corporación de vecinos provenientes de Arecibo en 1739 –hace ya 279 años–. Estos arecibeños querían un lugar donde estar más a sus anchas para prosperar y criar a sus familias, para lo cual compraron tierras a los terratenientes del Valle del Otoao para fundar el pueblo. Fue el primer casco de pueblo en contar con luz eléctrica de una central privada instalada por la familia Casellas, incluso antes que San Juan y Ponce.

El aislamiento relativo de este valle rodeado de montañas desarrolló una forma de ser diferente que hace a mis compueblanos personas solidarias y con un caudal de tradiciones únicas. Aún en Nueva York, Nueva Jersey, Connecticut, Ohio y Pennsylvania, por nombrar algunos estados, hay ciudades y pueblitos con descendientes directos de las gentes de Utuado que migraron varias décadas atrás. Estos te reciben con gran cariño y nostalgia. Así lo comprobé en 1972 cuando visité el pueblo de Lorain, en Ohio. Aún los mayores se acuerdan de la hermosa Plaza de Rcreo y las inolvidables fiestas patronales, cuando era tradición recibir y dar hospedaje en nuestros hogares a familiares y amigos utuadeños ausentes y compartir con ellos los festejos. Es una memoria compartida aún más allá de nuestras fronteras que me hace sentir orgullosa de mi origen utuadeño.

Las doradas ilusiones

Ese día, a finales de octubre de 1989, fui directamente a mi habitación conyugal a cambiarme de ropa como es mi costumbre al regresar a mi hogar. Llegué muy contenta, porque había conseguido una plaza regular como planificadora en una agencia estatal. Al entrar a la habitación me percaté de que alguien se nos había metido a la casa. Como en una escena de película, las gavetas estaban revueltas y todo su contenido disperso en el piso. Busqué de inmediato mis aretes de oro de dieciocho quilates que había comprado en 1970. No estaban en su estuche dorado original. Sentí como que me faltaba el aire y tuve que respirar hondo antes de llamar a mi esposo para contarle.

Jorge había regresado de almorzar en esos momentos. Al escucharme, y como es usual en él, me preguntó muy tranquilo si estaba bien. "Sí, estoy contenta porque me dieron el trabajo, pero triste por lo de mis aretes y lo de las pantallas que me regalaste", le dije. Le conté muy apenada que además se habían llevado otros aretes que él me había regalado, también de oro, y un pendiente en forma de machete que yo le había regalado a él, obra de un orfebre de Caguas. Eran las únicas prendas de valor que teníamos, junto a unas medallas conmemorativas de bronce que traje de la entonces Checoslovaquia cuando asistí a una conferencia mundial de mujeres en 1984. El intruso debió darse cuenta de que no había otras cosas de valor en una casa de trabajadores con niños pequeños, y se fue sin más. Jorge me tranquilizó. Me dijo que no me preocupara, que hablaría con alguien para cambiar las cerraduras.

Nunca me he recuperado de la pérdida de esos aretes de oro, pues los compré con gran ilusión con el primer dinero que me gané como maestra de séptimo grado en Utuado, recién graduada de la Universidad de Puerto Rico y justo antes de irme a estudiar a la Universidad de Chicago. Me enamoré de ellos el primer día que los vi en una joyería de caché en la Ponce de León, en Río Piedras, en 1970. Los puse en *layaway* en febrero y mensualmente envié pagos hasta saldarlos antes de mayo. Quería usarlos para la fiesta del Día del Maestro, en donde los lucí muy oronda. Serían luego mi sello personal en la Facultad de Geografía de la Universidad de Chicago. ¿A quién más se le ocurriría ponerse unos aretes redondos y relucientes bajo un pasamontaña en el invierno, sino a mí?

Tras el escalamiento, en mi habitual visita a casa de mis padres, le informé a mami de los aretes. "Mucho te duraron", me dijo. "Tú que eres tan distraída... ¡Casi veinte años! Eso ya fue un récord. Pero no te aflijas por eso, que peor hubiera sido que te hubieran encañonado para quitártelos en la calle y te hubiese pasado algo".

Ella siempre me sorprendía con su lógica brutal. Aunque le gustaban las prendas de oro, nunca pudo darse el lujo mientras nos criaba de tener nada de valor. No teníamos suficiente dinero para que se comprara algo costoso hasta que trabajó en una fábrica de costura en Utuado y pudo adquirir un reloj de oro y una cadenita con un medallón esmaltado con las imágenes del Sagrado Corazón de Jesús por un lado y la del Sagrado Corazón de María por el otro. Atesoraba esas prendas con fervor y solo se las ponía para salir a la iglesia o al cine. Mi padre, aunque buen proveedor, gastaba el remanente de lo que le sobraba en comprar gallos y jugarlos y nunca tuvo el detalle de comprarle ninguna alhaja, como ella anhelaba. Por ello, cuando me compré los aretes con mi primer salario no me criticó, sino que los encontró muy bonitos. Supe que estaba orgullosa de mí por haberlos saldado antes de estrenarlos. Mami detestaba comprar las cosas a crédito.

    Al poco tiempo del escalamiento en nuestra casa, hubo otros en la urbanización. Luego nos enteramos de que el autor de las fechorías había sido el hijo de unos vecinos que sufría adicción a las drogas y lo habían sorprendido en otras casas. Nos dio mucha lástima a mi esposo y a mí porque era un muchacho muy joven, hijo de unas personas buenas, que se había descarrilado por las malas amistades.

    Lo del hurto de los aretes en el mismo día que me nombraron en aquel empleo fue un mal presagio, pues solo duré en la agencia cinco meses y no pude conseguir la permanencia ya que no le caí bien a mi supervisora, quien, aunque no era planificadora, dirigía una oficina de planificación. Nunca en mi vida había estado tan poco tiempo en un empleo. Lo menos que duraba eran entre ocho o diez años. Incluso los aretes de oro me habían durado más. Ese "despido-renuncia", por otro lado, me dio la oportunidad de ir a trabajar como maestra de escuela elemental en un residencial de San Juan, en donde compartí de cerca con un excelente grupo de maestros muy comprometidos. Conocí de primera mano las vicisitudes cotidianas de los maestros para cumplir con la encomienda de la educación en las fases tempranas de los niños. Además, pude interactuar con la realidad social de una comunidad que, aunque pobre y marginada por muchos, tiene un gran potencial en sus residentes, personas muy trabajadoras y con diversas habilidades y gran disposición de ayudarse entre sí. Como decía mi madre: "No hay cosa tan buena que no tenga su defecto ni cosa tan mala que no traiga algún beneficio".

Minerva Rosario Rivera

Nació el 28 de febrero de 1956 en Río Piedras, Puerto Rico. Reside en Bayamón desde sus dos años de edad y es la quinta de seis hermanos, cuya familia proviene del pueblo de Ciales.

Posee un Bachillerato en Ciencias Secretariales de la Universidad de Puerto Rico en Bayamón y una Maestría de la Escuela Graduada de Administración Pública del Recinto de Río Piedras. Es jubilada de la Universidad de Puerto Rico en Bayamón, en donde fue Supervisora de la Oficina de Compras, Directora de la Oficina de Exalumnos, miembro de la Tuna Vaquera y de diferentes comités institucionales.

Disfruta de su querida familia y nietos. En su deseo por la búsqueda de conocimiento continúa en estudios cortos de todo lo que la apasiona.

Ahora trabaja en la escritura de memorias. Esta es su primera participación en una publicación literaria.

Pedacito de campo

¿Por qué será que el progreso a veces nos separa de aquello que tanto amamos? Cada vez que voy al campo quiero pasar por el Puente Mata de Plátano que llevaba hacia el pueblo de Ciales. Pero este ya no existe más que en mi memoria como otras tantas cosas.

Cuánto extraño seguir por la carretera vieja que ondulaba según el cauce del río, cuyo murmullo atrapaba la grandiosa Cordillera Central al fondo. Sobresalía el aroma de la espesura de la maleza que serpenteaba la carretera. Sentíamos el olor del campesino. También las sacudidas del carro en las curvas, los bocinazos de los otros carros. Aquel puente plateado y de un solo carril nos conectaba a Ciales en aquella curva en la que el río cambiaba su rumbo al toparse con una gigantesca montaña de piedra. Su altura intimidaba y más si el carro iba lleno.

Luego se atravesaba por el cementerio y por la plaza hasta ver la iglesia. Llegábamos hasta la panadería del pueblo a comprar pan para llevar a los familiares. Después de cruzar por el pueblo subíamos y subíamos por curvas y curvas hasta encontrar la flecha que indicaba el camino a seguir a la izquierda para llegar al Barrio Pozas. Una vez tomábamos el camino íbamos bajando y bajando por curvas y riscos. Si llovía, mi hermana mayor lloraba, porque el cielo se ponía oscuro y ocurrían derrumbes. Íbamos con mucho cuidado.

Atravesábamos un pequeño puente hasta el otro lado del río. La altura del puente casi rozaba el agua.

Entonces subíamos hasta llegar primero a la casa de Arturo Montes y su esposa Nereida, prima hermana de mami, cuya casa quedaba en la cresta de las montañas desde donde se veía el río a lo lejos. Más abajo, en la tienda de Arturo comprábamos dulces y refrigerios. Hasta allí llegaban nuestros tíos, los Rivera Vega, hermanos de mi mamá, a recogernos en sus Jeep. Seguíamos el camino y, después de una curva muy estrecha, bajábamos a visitar a tío Rosita (Rosa Rivera Vega) el hermano mayor de mami, y a su esposa tía Tinita (Cristina Rosado). Su casa quedaba pegada al risco del camino y detrás de la casa, risco abajo, estaba el rancho donde se colgaban a secar las hojas de tabaco. La próxima casa era la de tío Cándido (Cándido Rivera Vega), justo frente a la de tío Rosita, encima de la montaña. Como la entrada era empinada muchas veces no subíamos a verlos. Más adelante, en una bifurcación del camino, a la izquierda vivían tío Pepe (José Rivera Vega) y tío Juanso (Juan Rivera Vega). Si continuábamos a la derecha de la bifurcación del camino, encontrábamos la casa del tío Neco (Manuel Rivera Vega) y su esposa tía Macin (Máxima Alvarado).

    Con cuánto cariño y amor nos recibían todos y al despedirse nos llenaban el baúl de verduras y frutos. Nunca podía faltar una gallina envuelta en un saco de tela. La pobre iba al lado mío en el carro. Yo le sacaba la cabecita para que respirara y velaba que no se asfixiara. Apretaditos unos con otros, nos sentíamos contentos con el viaje y regresábamos impregnados del olor a campo.

    Aunque llegáramos a Bayamón cansados y tarde, no sé cómo mami se ponía a cocinar. Nos hacía un té de horchata de ajonjolí con leche caliente, servido en una taza con su platillo, para que durmiéramos bien.

Al otro día, la gallina ya no respiraba. Veíamos cómo mami primero le jalaba la cabeza y la colgaba por las patitas del cordel de enganchar ropa hasta que dejara de aletear. Después, la metía en agua caliente para desplumarla y luego la abría para sacarle el menú o las menudencias, que eran las tripas, la molleja, el hígado y hasta los huevitos en gestación. Todos estábamos muy pendiente de lo que hacía con la gallina. Para consolarnos la tristeza de ver la muerte del animal, mami nos iba diciendo las partes y lo mucho que alimentaban.

El olor del ajo, la cebolla, los pimientos dulces, el recao de hoja larga, el pilón, las papas y aquel caldito que mami sacaba aparte para mi papá antes terminar de cocinar el asopao de gallina eran eco de la felicidad de aquella tarde, al otro lado del puente, cuando nuestra casa en Bayamón se convertía en un pedacito de campo.

Imagino lo feliz que se sentía mami de ir a visitar a su familia en Ciales, de donde se fue después de conocer y casarse con mi papá. Se conocieron en un baile de batey en el que papi cantaba y tocaba la guitarra. Desde ese momento él le llevó serenatas en las noches hasta que se casaron. Como en aquel entonces se caminaba a pie o a caballo, y no existía la luz eléctrica, el día de la boda llegaron hasta la iglesia del pueblo montados a caballo: ella en uno blanco y él en uno negro. Su primera hija, mi hermana mayor, nació en Ciales. Con el tiempo se mudaron a Bayamón, en donde nacimos los demás. Cada viaje al campo hacía brillar a mami. Todavía lo recuerdo. Volver al campo era siempre volver a casa. Todavía lo es.

La hermana pequeña

Había que ver cómo se llenaba el balcón de la casa con los jóvenes que estaban pendientes de las hermanas Rosario. Allí nos sentábamos, ellos y nosotras, a escuchar las historias de terror que contaban nuestros padres sobre el campo. Recuerdo aquellos cuentos de las sombras que se veían camino al río y cómo había que ir a buscar un tizón a la cocina cruzando un cobertizo a oscuras porque había que rezar el rosario todas las noches. Al final de cada historia comíamos del pan que traían los jóvenes con el chocolate caliente de mamá.

Así pasaron las tardes en el balcón hasta que, por fin, llegó el momento en que las tres hermanas mayores encontraron pareja. Luego, llegó la boda de la mayor de todas y fue tan contagiosa la felicidad que entonces se fueron casando las demás, casi una detrás de la otra.

En la primera boda, la de mi hermana mayor, el séquito lo encabezó una de mis hermanas y cinco amigas de la novia. Por yo ser la más pequeña de todas, en la segunda y tercera boda de la casa fui la dama preferida. Era una alegría inmensa. Recuerdo la preparación de los trajes, ir a las costureras, comprar el bizcocho de boda, las bebidas, la comida, seleccionar el fotógrafo y el lugar, que casi siempre era en uno de los famosos centros comunales de la época.

Al cabo de unos meses, tras las bodas, sentí la ausencia de mis hermanas. Me faltaba el cariño, la protección que siempre sentí de ellas. La mayor de todas era como mi segunda mamá, con quien yo dormía todas las noches. Cuando se fue de casa me tocó dormir con mi hermanito más pequeño, a quien mi mamá tuvo a sus 42 años. Cuando se fueron las otras dos me tocó, por fin, un cuarto para mí solita. Sin embargo, ya no disfrutaba de la amorosa compañía de las tres en las noches.

Nunca pude expresar la soledad que sentí en aquellos momentos. Ayudaba a mi mamá en los quehaceres de la casa, planchaba la ropa de mis hermanos y las numerosas camisas de mi papá. Aprendí con mis hermanos varones cómo lavar un carro y dejarlo bien aniquelao'. Uno de los mayores, que era un fiebrú, llegó a correr en la pista de Caguas. Tuvo carros deportivos y sabía de mecánica. Me daba trillitas en su carro y pasábamos por la calle donde vivía su novia. Era muy inteligente, así que también le llegó el momento de irse cuando lo aceptaron para estudiar en el Colegio Universitario de Mayagüez. Algo me decía que pronto también le tocaría el turno de boda, pero su noviazgo fue largo. Como estudiaba en Mayagüez la novia le enviaba cartas y postales que yo leía a escondidas cuando limpiaba su cuarto.

Pero de repente ocurrió lo inesperado cuando "la hermana pequeña" se le adelantó a su hermano mayor para casarse. Esta vez vivía la alegría de mi propia boda, pero lo hacía rodeada de sentimientos encontrados. Mi hermano se opuso a mi boda tenazmente porque yo solo tenía dieciocho años. Aunque fue por la Iglesia, fue una boda apresurada. Aquella rareza que sentí cuando me casé con el tiempo encontró explicación. A mis apenas veinte años ya tenía una niña y un niño en camino, y mi esposo me había abandonado. Aquel segundo embarazo "era doble" porque él tenía otra mujer también embarazada.

Aprendí con mis padres el valor de la familia y de los cuidados que manteníamos entre todos. La compañía de ellos era importante para mí, así que se me hacía difícil manejar la ausencia de los seres queridos. La unión familiar era un baluarte en mi hogar, un ejemplo. En mi memoria son muchos los instantes que explican por qué de todas las circunstancias posibles si hay una que detesto mucho esa es la soledad.

Nancy González Guzmán

Nació en San Juan, Puerto Rico, y reside en Bayamón. Completó su bachillerato en Educación Especial en la Universidad del Sagrado Corazón, en donde recibió la Medalla Pórtico, máxima distinción estudiantil. En 1991 la Phi Delta Kappa y la Universidad del Turabo la reconocieron como Maestra Practicante del Año. Obtuvo su Maestría en Educación de Edad Temprana, también en Sagrado. En 2008 fundó la Asociación Unidos de Corazón con la Edad Temprana (AUCET) con la visión de fomentar el desarrollo de líderes solidarios y comprometidos con su educación y con la educación de la niñez temprana en Puerto Rico.

En diciembre de 2018 se jubiló de su puesto como Bibliotecaria Auxiliar, en la Biblioteca Madre María Teresa Guevara de Sagrado. Ha participado en publicaciones periódicas de carácter religioso y educativo. Es amante de la literatura, en su tiempo libre continúa escribiendo "para desnudar el alma con mucha humildad y pasión".

Pedro Luis

Los sábados en la mañana mi mamá se levantaba muy temprano, siempre con prisa. Era el día de ir a visitar a la abuela a Arecibo. Apenas nos acariciaba el sol por la ventana, irrumpía en la habitación donde yo dormía con mi hermana Myriam y como un general hacía su primera llamada: "¡A levantarse, que ya nos vamos!". Aunque nos costaba levantarnos, no podíamos resistir los deseos de ir a ver a la abuela.

Pero uno de esos sábados algo poco usual ocurrió. Se escuchaba a mi padre discutir muy molesto con mamá, que estaba embarazada y a punto de tener a su cuarto bebé. Mi padre, presentía que algo podía suceder y le decía: "¡No hagas ese viaje, mujer! ¡Puedes parir en el camino! Un carro público no es seguro en tu condición". Mi hermana y yo nos asustamos mucho. No entendíamos qué pasaba porque éramos muy pequeñas.

Mi madre enojada ante su insistencia y su temor le contestó que nada malo iba a suceder, y continuó con los preparativos. Para ella, aquel viaje cada fin de semana era sagrado. No podía dejar de visitar a sus padres, así que nos vistió rápidamente y salimos de la casa. Para mi padre, ese embarazo representaba la oportunidad de tener a su esperado varoncito y por eso se quedó muy molesto.

Llegamos al lugar donde un carro público nos esperaba. El chofer era casi de la familia. Comenzamos el largo viaje hacia Arecibo. Recuerdo que hacía un calor intenso y mi madre se sentía inquieta y sofocada. Estaba muy preocupada e impaciente por llegar. De momento, comenzaron los dolores. De repente, eran cada vez más intensos. ¡El bebé quería nacer!

Todos nos pusimos nerviosos. El chofer no sabía qué hacer. "¡No podemos continuar!", gritó. "Tenemos que ir al hospital más cercano. De lo contrario vas a parir aquí", siguió gritando.

Los dolores se fueron tornando insoportables para mamá. Mi hermana y yo observábamos todo, pero no entendíamos por qué lloraba. Ahora creo saber por qué: ¡muy bien dijo papá que algo pasaría!

De pronto mamá lanzó un grito de dolor: "¡Rompí fuente, el bebé ya viene!". Recuerdo en ese momento darme cuenta de que que mamá llevaba puesta una falda ancha de muchos colores. El rojo resaltaba entre todos ellos.

"¡Espera un poco, ya estamos llegando, ya estamos llegando!", le decía el chofer desesperado.

Al llegar al hospital, ya el bebé estaba a punto de nacer. El chofer se bajó rápidamente y pidió ayuda. Salieron los enfermeros, trajeron una camilla y comenzaron a preguntar qué había pasado y de dónde era mi madre. El chofer explicó que veníamos de San Juan y que en el camino le comenzaron los dolores de parto. Los enfermeros insistían en hacer preguntas. Siguiendo el protocolo nos dijeron que no la podían atender porque no era de Arecibo. "¿Cómo es que no la pueden atender? Ya no hay tiempo de regresar a San Juan", les cuestionó el chofer.

Mi madre se impacientaba. "¡Ya viene, ya viene!", decía. Su falda seguía cambiando de colores según se movía, prevaleciendo el rojo intenso. Mi hermana y yo llorábamos. No sabíamos qué iba a pasar. El temor se apoderó de mi madre y le pidió al chofer que cuidara de nosotras y que no nos dejara solas en aquel hospital. Pero entonces el médico de turno de la Sala de Emergencias salió a ver qué pasaba. Al ver a mi madre angustiada, con su falda rojo carmesí y el bebé a punto de salir, tomó el control de la situación.

¡Y nació el tan esperado niño! ¡Con su cabellera roja como la falda de mamá! ¡Y su piel rosadita! Nació el niño que quiso nacer en el carro público y al que mi madre le concedió el nombre privilegiado del médico que le salvó la vida: Pedro Luis.

¡Mi padre aún sigue enojado!

Ventanas

Aquí estoy mirando tu reflejo a través del cristal de mi ventana. Desde aquí tu silueta se esconde entre la bruma de un recuerdo que se ciñe entre el amor y el dolor. Aquí estoy anhelando sentir que regresas, pero sé que no es posible.

Cómo olvidar el día que te conocí. Había sido uno largo y atareado. Visitaba locales donde pudiese comprar las ventanas para remodelar la entrada principal de mi casa. Tras un extenso recorrido por distintos locales, llegué a mi última parada. Abrí la puerta del negocio y vi dos hombres parados en el medio del salón. Uno, estaba mirando hacia la entrada. El otro estaba de espaldas y, al escuchar el sonido de la puerta, terminó su conversación y antes de salir giró su cabeza a la puerta. Entonces se cruzaron nuestras miradas. "¿En qué le puedo servir?", me dijo acercándose.

Al escuchar su voz, al sentir su cercanía y al encontrar su profunda mirada, se estremeció mi ser. Su grato aroma calmó mi ansiedad. Era un hombre alto y elegante, y estaba vestido todo de blanco como un ángel. Fue un encuentro sorpresivo e inexplicable.

Me atendió con mucho esmero y paciencia hasta que logró convencerme de comprar las ventanas y la puerta de cristal que estaba buscando. Fue una buena selección y me ofreció el mejor precio. Acordamos que el próximo sábado enviaría a un empleado a tomar bien las medidas del área. Pero en la fecha acordada fue él quien llegó a mi casa y hasta diseñó el plano. Me encantó su diseño y lo acogí con mucho agrado. Remodelaríamos completamente la entrada de la casa. "Todo lucirá mejor", pensé.

Después de la visita, él comenzó a llamarme de vez en cuando para ver cómo iba la construcción. Percibí que quería ir acercándose a mí con insistencia. No me desagradaba la idea, así que nos hicimos buenos amigos.

Con el tiempo, nos fuimos conociendo poco a poco. Hasta que nos vistieron las alas del amor. Fueron días y momentos llenos de felicidad. Estaba muy sorprendida. Aquello no estaba contemplado en aquel momento, pero, valga la paradoja, una nueva ventana se abría para dar paso a la esperanza.

Establecimos una buena relación. Me contó su historia. Comprendí que en aquellos momentos mi presencia en su vida cumplía también un propósito divino. No puedo negar que esto en algo me preocupó. Ya Dios estaba en nuestra relación y todo podía suceder.

Un día le informé que ese fin de semana me tocaba asistir a un retiro de mi iglesia. Acordamos que él me llevaría, se quedaría con mi auto para arreglarle el acondicionador de aire y me recogería el domingo por la tarde.

Llegó el domingo. Lo esperé, pero no llegó. Lo llamé a su celular, pero no me contesté. Comencé a preocuparme.

Esa noche no pude dormir. A la mañana siguiente, mientras desayunaba, percibí una sensación extraña. El frío se apoderó de mi cuerpo y los pensamientos se me confundían. Sabía en mi corazón que algo no andaba bien, que algo malo ocurría.

Esperé el tiempo apropiado para llamar a su negocio. Me contestó un empleado. Le pregunté por él. El silencio de aquel hombre agitó mi corazón. Le volví a preguntar. Con su voz entrecortada me respondió: "Él no se encuentra. Murió el sábado. Al parecer, salió del negocio a hacer un depósito. Pero lo interceptaron en el camino y lo asesinaron".

El eco de su voz se apoderó de mí. Se abría a mi paso un árido desierto. Ya nada tenía sentido. Del amor fugaz quedó solo el dolor de mi corazón quebrado. Aún así todavía persiste en el corazón que me resta, que sigue latiendo mientras lo recuerdo, ahora y siempre, con tan solo mirar a través del frío cristal de mi ventana.

Rosa Lydia Medina de Jesús

Nació el 21 de abril de 1957 en San Lorenzo, Puerto Rico. Cursó su bachillerato en Educación Elemental y Secundaria con concentración en Matemáticas en la Universidad del Turabo, en Gurabo, Puerto Rico. En la Universidad de Puerto Rico en Río Piedras cursó sus estudios de Maestría en Orientación y Consejería. Trabajó en el Departamento de Educación por treinta años como educadora y consejera profesional.

Actualmente está jubilada y disfruta de sus pasatiempos favoritos: escribir, pintar y hacer manualidades.

La comadrona del barrio

Mencha, la comadrona del barrio, siempre vestía de blanco y almidonada. Con su hablar pausado, recorría todos los rincones del barrio asistiendo a las mujeres de parto. El hospital quedaba en el mismo pueblo de San Lorenzo, a cinco o seis kilómetros de distancia del Barrio Jagual. No había transportación, ni carreteras, pero para Mencha no existían imposibles, lo mismo a caballo o a pie, de noche, por caminos angostos, sin embrear y totalmente oscuros, siempre llegaba a tiempo a cada parto con un hacho en mano. Mencha fue la cigüeña que trajo a tres de mis ocho hermanos al mundo. Supongo que para los otros a mami le dio tiempo de llegar al hospital.

"Ahí viene Mencha", decían mis dos hermanos mayores a la vez que corrían a esconderse cuando divisaban a la comadrona. La primera vez que los vi no entendí por qué lo hacían. Pero no tardé en darme cuenta. Mencha era abrazona y besucona. Mis hermanos corrían para que ella no les zampara un beso con rastro de saliva en sus cachetes. Mami los regañaba, pero ellos siempre corrían. A mí sí me agarraba por el abrazo y el besote ensalivado venía. Disimuladamente me limpiaba la cara. Con el tiempo también aprendí a correr.

Pero en realidad me gustaba ver a Mencha y escucharla en sus conversaciones. Hablaba mucho y conocía a todo el mundo, así que mencionaba a la gente con nombres y apellidos. Recuerdo además que la blancura de su ropa y de su cabello peinado con un moño a la nuca de su cabeza contrarrestaban con su piel mulata. Mencha era gruesa, pero ágil, de un caminar rápido.

—¿Por qué le tenías miedo? —le pregunté a mi hermano Héctor muchos años después.

—Es que era bien fea, tenía la boca como aplastada y parecía que no tenía labios —respondió y me dejó pensando en que yo, en cambio, la encontraba bonita y misteriosa.

—Me gustaría que Rey estuviera vivo para poder entrevistarlo —le dije recordando a nuestro hermano mayor.

—Rey sí que la recordaba bien.

No puedo hablar de mi niñez sin recordar a Mencha. Tampoco puedo recordar a Mencha sin pensar en Rey. Gozábamos mucho con los cuentos que hacía de aquel personaje de nuestra infancia. Rey se moría de la risa haciendo los cuentos de Mencha y nosotros al escucharlo también. Es imposible no hablar del uno sin recordar al otro, imposible no extrañarlos a los dos.

La belleza cuesta

Para ir a la escuela mami siempre nos despertaba temprano para que nos diera tiempo a asearnos y vestirnos. Si alguno quería, se podía tomar un traguito de café o leche con *Kresto*. El desayuno iba por la escuela o comprábamos algo con la mesada que nos podían dar. Lo importante era que debíamos caminar un cuarto de kilómetro para llegar a la parada y tomar la guagua escolar a las 6:00 a.m. Había que abordar la guagua "a la subida", porque de regreso lo más seguro era que no hubiese asiento y había que viajar seis kilómetros de pie, *arreguindados* de la baranda en el techo, moviéndonos como un trompo por las curvas de la carretera 181. Lo mejor era ahorrarse uno de los viajes en ese trajín.

El primer día de escuela de mi octavo grado no fue la excepción. Dejé lista toda mi ropa nueva el día antes. A las 5:30 a.m. ya tenía casi toda mi ropa puesta, menos la blusa. Llevaba medias de bermuda, blancas y dobladas a la altura del tobillo dentro de mis azabaches zapatos de habichuelitas, nuevos y brilladitos. La falda verde monte me llegaba a la rodilla con sus tres pañitos al frente y tres pañitos atrás, como lo exigía el uniforme. La directora siempre pasaba por los salones a verificar el uniforme, principalmente el largo de las faldas. Llevaba un pantalón corto bajo la falda, requisito de mami. Todo me encantaba, pero me resistía a ponerme la blusa. Daba vueltas por la casa, tapándome con una toalla.

"¿Qué te pasa? Se va hacer tarde. ¿Por qué no terminas?", preguntó mami. ¡Cómo decirle que estaba esperando que me dijera "ponte el *brassier* nuevo" que estaba guardado desde verano! Casi perdí las esperanzas ante su silencio. Entonces me armé de valor y rápidamente y sin mirarla le pregunté: "¿Puedo ponerme el *brassier* que usé para el quinceañero?". ¡Cómo no recordar aquel día! Fue el quinceañero de Mita y de Alejita cuando por primera vez observé mi figura con esa nueva prenda que me hacía sentir toda una señorita. "Sí, póntelo", respondió mami.

Corrí a buscarlo, me lo puse y me fui rapidito hasta la parada ¡Me encantaba como me veía! Mis amigas desde séptimo grado ya lo usaban, pero yo no. Digamos que llegué tarde a la repartición de "esos dones".

Aquel primer día fue hermoso, a pesar que desde temprano mi nueva prenda de ropa había empezado a molestar. A las 2:00 p.m., en la última clase, ¡ya no podía más! Me apretaba tanto que temía perder la respiración. Entonces deseé no habérmelo puesto. Pensé quitármelo, pero mi "nueva figura"...

A los trece años comprendí que la belleza cuesta.

Rosanna Almeyda Ibáñez

Nació en 1956. Es Dietista Registrada, graduada de la Universidad de Puerto Rico. Realizó su Internado en Dietética en el Hospital de Veteranos donde laboró durante 38 años.

Está jubilada desde diciembre del 2017 y dedica su tiempo a viajar y escribir sus memorias.

Los ojos de la abuela

Nunca conocí a Rosa, mi abuela materna. Falleció muy joven antes de que mi mamá se casara. Nunca pude ver su mirada ni mirarme en sus ojos. Solo la conocí a través de los de mami. Conservo una foto de ella en la que puedo ver tristeza en sus ojos, como si adivinara que el final estaba cerca. Mi abuela Rosa falleció una noche de despedida de año a causa de un fallo cardiaco luego de una larga enfermedad. La familia decía que había muerto de amor, pues nunca superó el dolor del abandono de su esposo cuando sus hijos eran aún muy pequeños. "Ella era todo en mi vida", nos decía mami que nunca pudo superar el dolor de perderla. Durante muchos años mis hermanas y yo nos preguntábamos por qué mami se encerraba en el cuarto la noche de despedida de año y no participaba de la fiesta. Un día me atreví a preguntarle y entonces supe que ella no podía celebrar el día más triste de su vida.

Pero mi abuela paterna, Giuseppa, llenó el vacío que dejó abuela Rosa con su amor y aceptando a mami como a una hija. Aya, como le llamábamos, era tierna y fuerte a la vez, conservadora y moderna, valiente y estoica. Su historia es una de las memorias heredadas que más atesoro y quiero contar.

En abril de 1905, con solo cuatro años, Aya emigró a América con sus padres y dos hermanas. Con solo cuatro años llegó a Nueva York desde Ali Terme, un pequeño pueblo pesquero de Sicilia. Venían escapando de la crisis económica, buscando una mejor vida en la nación donde los sueños eran posibles. Tras más de treinta días en el mar, en un barco abarrotado de inmigrantes pobres, llegaron a Ellis Island en un soleado día de primavera. Buscaban asilo. Luego de extensas filas y exámenes, los médicos detectaron una enfermedad en los ojos de la pequeña Giuseppa. El diagnóstico fue devastador: debían regresarla a Italia, pues, según ellos, era una enfermedad del Mediterráneo y en América no la sabían curar. Hoy pensamos que su enfermedad era la secuela de una posible conjuntivitis sin tratamiento, probablemente adquirida en el hacinamiento del barco. Hoy también sabemos que en la nación donde los sueños eran posibles no permitían la entrada de inmigrantes con enfermedades infecciosas que pudieran contagiarse.

Sus padres, con dolor en el alma, decidieron enviarla de regreso a Italia a vivir con su abuela materna en Ali Terme en lo que recibía el tratamiento. Entonces regresó la niña otros treinta días con un tío en el mismo barco, sin entender por qué la separaban de su familia. De regreso a Sicilia, el tío la llevó a vivir con su abuela.

La vida en el pueblo no fue fácil para Aya. "La situación económica no mejoraba, vivía con sus abuelos en una pequeña casa con el mar como patio trasero", nos contaba mi tía Nany, hija de Aya. Allí la sometieron a un tratamiento para curar la enfermedad de sus ojos. Ella lo recordaba y nos lo contó: "Me pasaban unas crayolas calientes por los ojos que me causaron úlceras y cicatrices". El trauma le dejó por años un pánico a los oculistas.

Aun así, cursó su escuela elemental en el Colegio María Estrella de la Mar en su pequeño pueblo. Pero, me cuenta mi tía, que la abuela no le permitió seguir el curso secundario porque consideraba que las mujeres debían aprender a coser, bordar y cocinar para atender a la familia. Sospechamos que no tuvo una infancia feliz alejada de sus padres, pero esto contribuyó a desarrollar una fortaleza envidiable.

Sus padres siguieron intentando traerla a América, pero confiaban en la opinión del médico que sentenciaba que la enfermedad se exacerbaría por el clima de Nueva York. Años más tarde les surgió la oportunidad de mudarse a Puerto Rico tras recibir la invitación de un italiano que vivía en Aguadilla. "El pueblo es muy parecido a Ali Terme y el clima muy agradable y apropiado para Giuseppa", les dijo. Así la felicidad y la esperanza resurgieron en sus vidas, aunque por muy poco tiempo. Estalló la Primera Guerra Mundial. Otra vez los planes se vieron frustrados.

Al fin terminó la guerra y en diciembre de 1920 se logró el sueño de volver a encontrarse. Para estar juntos sus padres le encomendaron a un primo que acompañara a la jovencita hasta Nueva York. El viaje de Ali Terme a Nápoles les tomó casi una semana y de allí se embarcaron hacia América. "¿Y si no me reconocen?", pensaba Aya horrorizada. Quince años habían pasado desde aquel primer viaje. De Nueva York viajó sola a Puerto Rico. Su barco llegaría hasta San Juan, en donde la esperaba su padre y su hermana mayor, quien no cesaba de repetir que la reconocería por la cicatriz que le dejó en la frente un golpe que sufrió cuando pequeña. De camino a Aguadilla, nos contaba Aya que le atacó el miedo de que "los indios" asaltaran el tren. En broma también nos decía que ningún miedo le quitó los deseos de sentarse bajo "un árbol" a comer piña, su fruta favorita, en su nuevo hogar. Cuando nos hacía el cuento se reía sola recordando que pensaba que las piñas nacían de árboles.

En Aguadilla conoció a Julio, mi abuelo. Se casó con él a escondidas de sus padre que insistían en que permaneciera soltera más tiempo para así disfrutar de su compañía. Pero ella seguiría su propio rumbo, una vez más. Salió una mañana de su casa sin decirle a nadie a dónde se dirigía. Llegó hasta la iglesia del pueblo donde la esperaba mi abuelo y el párroco que los unió en matrimonio. El padre Juan de Gorrotiza fue a notificarle a la familia que había casado a los enamorados y a darle una buena recomendación a favor de Julio, mi abuelo. De la iglesia salieron a establecer su vida en San Sebastián.

Aya era una lectora voraz de novelas y revistas. Recibía en su casa todos los periódicos que se publicaban en la isla. Así, y con los libros de la escuela de sus hermanas menores, aprendió español. Utilizaba espejuelos y leía como si estuviera olfateando el libro. Nunca supe si sus ojos volvieron a causarle mayores problemas o si la enfermedad que la devolvió a Sicilia estaba curada. Nunca se quejaba, jamás la vi llorar, no sé si se debió a que las cicatrices secaron sus lágrimas o si el dolor de la niñez sin su familia la endureció.

Ya avanzada en edad desarrolló cataratas. Su miedo a los oftalmólogos resurgió. Dos veces tuvo que cancelar la cirugía debido a que los nervios le descontrolaban la presión sanguínea. No poder leer le dio la valentía que necesitaba para enfrentar su miedo y con casi 80 años aceptó someterse al procedimiento. No sabemos cómo, pero la presión ya no fue un impedimento para que la cirugía fuera exitosa.

    Recuerdo cuando llegó a la casa y feliz le dijo a mi tía Nany: "Gracias por comprar una butaca nueva. ¡Qué bonito color verde! Ya la otra estaba tan fea con ese color marrón horrible". ¡Todos celebramos! Era la misma butaca vieja. Por fin, los ojos de la abuela estaban curados.

Bingo

Si antes les dije que mi abuela Aya era una mujer adelantada a su época, atiendan esto que les voy a contar. No recuerdo qué vino primero, si el procesador de alimentos o el horno de microondas. Pero Aya fue de las primeras personas en tener ambos enseres.

Cuando se enteró de que podía hacer masa de pasteles y alcapurrias sin rallar viandas comentó que no volvería a hacer pasteles sin esa maravilla que hacía la masa en cuestión de minutos. Papi la escuchó y le regaló un procesador de alimentos para su cumpleaños. Jamás volvió a rallar viandas, ni siquiera para los buñuelos de ñame.

Y ni contarles del día que vio los anuncios del horno de microondas. Quedó fascinada y comentó que a ella le gustaría uno para cocinar y hacerse la vida más fácil. De más está decirles que ella nunca pedía nada. Simplemente cuando sugería que algo le interesaba, sus hijos movían cielo y tierra para complacer su deseo. Entre todos le compraron el horno y cuando se lo entregaron, ella no encontraba dónde colocarlo. Recuerdo estar allí ese día y preguntarle si le gustaría una mesa de aquellas especiales para estos hornos. No se atrevía a decirme que la quería y yo me quedé callada y armé mi plan.

Hablé con mis tíos y mis primos y les propuse hacer un bingo para recaudar los fondos y comprar la mesa. Uno de mis tíos ofreció su casa para la actividad. Nos encantaban las fiestas allí. La esposa de mi tío era decoradora de interiores y su casa era nuestro modelo de buen gusto. Además, ella siempre estaba al tanto de todas las tendencias en la decoración, muebles daneses, serigrafías de Tufiño, figuras Lladró, en fin, de todo lo que estaba en boga. En su casa nos poníamos al día con las últimas recetas para aperitivos, los motivos más recientes para decorar las fiestas y los ajuares modernos. Era el lugar ideal para el bingo.

Mis primas se entusiasmaron y acordaron que haríamos algo diferente. No sería un bingo cualquiera, tendría unas reglas muy especiales:

1. Solo la familia podía participar: hijos, nueras, yernos, nietos y algún noviecito agregado.
2. Los regalos eran cositas que teníamos en las casas que no nos gustaban o que estaban a punto de pasar a mejor vida: perfumes desagradables, carteras feas, cerámicas, adornos para la casa pasados de moda, etc.
3. Los cartones se vendían a $1. ¡Podías comprar todos los que quisieras!
4. Se venderían piñas coladas también a $1, pero la picadera era gratis.
5. Para ganarse el *jackpot* había que llenar el cartón completo.

Todos teníamos una responsabilidad. Como yo era la embelequera, me tocaba cantar el bingo. Abuela Aya hizo las tan esperadas almojábanas sin tener idea de por qué se celebraba aquel bingo. La esposa de mi tío preparó su especialidad de bolitas de queso. Algún pariente de San Sebastián del Pepino trajo pastellilos miniatura de queso, guayaba y carne. El novio de mi prima se encargó de preparar las piñas coladas y asegurarse de que los primos más listos no se fuesen sin pagar.

  La familia fue llegando con los premios. Todos cumplían con los requisitos. Había pasado ya el *boom* de hacer cerámica y por supuesto abundaron los adornos caseros que en algún momento hicieron los aficionados de la familia. Teníamos una pariente experta en ello y a través de los años nos había colmado de piezas de cerámica hechas por ella. Afortunadamente esa pariente no pudo hacer el viaje desde San Sebastián. Resulta que más de una de sus obras de arte llegó como premio para el bingo: planchas que vomitaban flores, canastas de huevos, vírgenes iluminadas y quién sabe cuántas otras cosas que se escapan de mi memoria. ¡La pobre hubiese sufrido al ver sus regalos reciclados!

  El *jackpot* era espectacular: un centro de mesa, por supuesto en cerámica, de un racimo de guineos maduros amarillo pollito con lunares marrones. Este no era de la pariente, sino un regalo que alguno de los estudiantes de mi hermana le hiciera por el Día del Maestro. La esposa de mi tío mostró tanto desprecio por el pobre racimo que decidí tenderle una trampa. Me quité el hábito de nena buena, me puse la cara de "yo no fui" y comencé a cantar el bingo justo frente a ella. Yo solo cantaba los números que veía en su cartón, sin importar los que salían de la tómbola. Nadie notó la trampa. Yo seguía cantando hasta que ella gritó: "¡Bingo!". Pero no hubo forma de convencerla para que aceptara el premio. Nos dijo que en su casa no cabía semejante monstruosidad. Al final de la noche mi hermana se despidió y como perro arrepentido, con el rabo entre las patas, se llevó su racimo de guineos.

Lo que nadie se imaginaba era que al siguiente día tempranito en la mañana cuando la esposa de mi tío saliera a buscar el periódico encontraría en el buzón el *jackpot*. ¡Sorpresa! Nadie supo cómo había llegado allí, mucho menos a dónde fue a morir el pobre racimo de cerámica.

Lo que sí supimos fue que mi abuela recibió su mesa para el microondas y sobre ella cocinó de todo, sin complicarse mucho la vida, desde arroz con habichuelas hasta *corned beef*.

Rosarito del Río Muñiz

Rosario del Río Muñiz, mejor conocida como Rosarito, nació el 4 de septiembre de 1944 en Santurce, pero vivió con sus padres, tres hermanos y una hermana en la Hacienda María del barrio San Lorenzo de Morovis. De allí era natural su padre, Francisco del Río Guerrero. Su madre, Carmen Muñiz Núñez, era natural de Ciales.

Estudió en el Colegio de La Inmaculada de Manatí. En la Universidad Católica en Ponce completó un Bachillerato en Ciencias Sociales y Sociología. Trabajó desde 1966 para el Recinto de Ciencias Médicas y luego para el Departamento de Salud en estudios de investigación hasta 1978. Su amor por los niños la llevó a tomar cursos en educación primaria. Ejerció como tutora, maestra suplente de grados primarios y como maestra de preescolar hasta su retiro en 2013.

En 1973 se casó con Rafael Scharrón Alicea y procrearon tres hijas. Vive en Río Piedras desde 1966, aunque no ha perdido su vínculo con la Hacienda María, visitándola con frecuencia. Le apasiona leer, escribir y bordar. Ama la Naturaleza y disfruta sentirla en la cotidianidad: cuidando sus plantas, sintiendo la brisa, la lluvia, escuchando los sonidos de la noche, el canto de los pájaros… todo eso la hace feliz.

Otilio Muñoz Pagán

Cuando nací ya estaba ahí, formaba parte de la familia. Había nacido un año antes que mi abuela materna, en 1890, en el pueblo de Lajas. Llegó a nuestro pueblo de Morovis como llegaban antes los maestros a los pueblos, con la misión y apostolado de enseñar, educar y amar a otros. Mi pueblo lo acogió y mi familia también cuando le dieron albergue mientras trabajaba enseñando en los barrios de Fránquez, el Pueblo y San Lorenzo. Lo mejor fue que se quedó con nosotros.

Yo me sentía celosa en ocasiones cuando los Rivera o los Valientes lo venían a ver y le llenaban de cariño. Lo besaban y lo abrazaban, y quería que se fuera con ellos. Yo observaba la escena de lejos y me preguntaba: "¿Por qué no se irá?". No quería que lo hiciera, pero me parecía que la idea pendía de un hilo.

Todos los días compartía con mis padres, hermanos y conmigo las tres comidas y hacía sobremesa con nosotros. En la tarde era el último que se levantaba porque se quedaba leyendo el periódico y haciendo su crucigrama. Yo me arrimaba y él me enseñaba los sinónimos, antónimos, abreviaturas, el plural de algunas palabras y el significado de las siglas importantes. Había que saberlas para llenar el crucigrama. Como era veterano de la Primera Guerra Mundil conocía y me enseñaba nombres relacionados con los uniformes militares de los ejércitos de distintos países del mundo. De verdad fue un gran maestro. Lo fue de mi papá y de mis tíos, pero también lo sentí mío. Amé su saber y su dedicación para enseñar, apoyar a otros y para estar siempre con nosotros, a nuestro lado y a nuestro cuidado. Hizo las veces de nuestro abuelo.

Nunca se casó, no tuvo familia propia. Una vez al año íbamos a visitar a su hermano a Lajas, en el sector cerca del tren. Cuando murió, ya no volvimos. A veces lo visitaba a nuestra finca un sobrino suyo. Eso era todo. Así que era todo nuestro. Así lo sentía yo. Cuando recibía visitas me asustaba, porque no quería que se fuera.

Me daba mucha pena con él porque aunque ayudaba a mi papá en la oficina con el pago de los trabajadores de la finca, él no lo trataba bien. Lo ajoraba, y ya estaba viejo. Mi mamá también lo trató mal. Era lo que yo percibía. Ella decía que desde que se casó siempre hubo un tercero. Imagino que resentía que asumiera responsabilidades que debían ser de mi papá, como era hacer la compra de los alimentos pues, aunque papá los pagaba, a él le tocaba comprarlos.

Él no dormía bajo nuestro techo. Vivió en los altos de la vieja y maltrecha casa del café, al lado del pesebre. Ahí estuvo por muchos años. Cuando estaba a punto de caerse, se mudó a los altos de la destilería. Era una estructura vieja y solitaria, pero de cemento y más segura. Allí ubicó su camastro.

Tenía muchos ahijados por el bautismo. Ellos y sus madres venían con frecuencia a recibir el aguinaldo en Navidad y ayuda económica en el año. Así que su seguro social y pensión de veterano se le iban en ayudar a otros.

Cuando mi papá y mamá viajaban para San Juan, se quedaba cuidándonos. Por la noche después de la cena nos cantaba y nos hacía cuentos. Todos nos íbamos a la hamaca en la esquina del balcón. Siempre recordaré canciones como el Himno a la Virgen de Monserrate, la del chinito de Mayagüez y el pregón "Tortillas del tortillero". También el cuento "Pecesito de la Mar", que nos enseñaba a no ser pretenciosos.

Recuerdo también con cariño la tarde que me enseñó cómo preparar una crema de harina de maíz para cenar. Ese día mis papás habían salido para el Hospital en Santurce, pues mi mamá iba a dar a luz a mi hermano más pequeño, Manuel Alonso. Fue el 28 de mayo de 1951. Yo tenía siete años, pero sabía realizar muchos oficios de la casa, como fregar, limpiar muebles, lavar algunas piezas pequeñas de ropa y cocinar algunos alimentos. Quise desmotrarle que podía seguir sus instrucciones sin supervisión y estuve echando harina de maíz y leche cada vez que se secaba o aguaba, así que salió un ollón que podía alimentar a un batallón. Se sintió orgulloso de mí y me felicitó.

Cuatro meses después de aquella noche me pusieron interna en el Colegio de la Inmaculada, en Manatí. Fue un acontecimiento que marcó mi vida para siempre por el dolor de la separación de los míos a tan temprana edad. Muchos viernes cuando podía regresar a casa, él llegaba tempranito a buscarme y nos íbamos en carro público de Manatí a Morovis. Uno de esos viernes cuando ya yo tenía nueve años y mi hermana Carmencita también estaba en el colegio, fue a buscarnos acompañado de José, mi hermano mayor, y Franchi, mi cuarto hermano. Ese último iba en "culeros". Me extrañó, pero me explicó que el tren pasaría por la estación a las 3:00 p.m. y viajaría por última vez a San Juan y debíamos tener la experiencia de viajar en él.

    Mis papás que estaban en San Juan como todos los viernes nos irían a buscar a casa de titi Carmen Hortensia esa misma noche. En el trayecto él nos iba explicando los pueblos y las fincas por las que pasábamos. El tren producía un ruido rítmico que él decía sonaba así: "Como coge Miguel Torres la cuchara pa'comer, tacatá, tacatá, tacatá". Miguel Torres era un agregado de la hacienda que todos conocíamos. Eso nos mantuvo un buen rato distraídos y contentos. Íbamos en el último vagón solitos, jugando, cantando y brincando. De cómo regresamos a la hacienda en Morovis esa noche es otra historia que revela su interés en educarnos y divertirnos, un interés siempre genuino.

    En las vacaciones de verano solo él nos llevaba a bañarnos al río o a caminar por la finca a buscar piedras de indios. Se encontraban buenas piezas sobre todo cuando araban la tierra para sembrar. Él las guardaba y nos explicaba para qué los indios las usaban.

    Todos los domingos iba con nosotros en el automóvil a misa. A veces se tardaba en bajar del edificio de la destilería donde vivía y mi papá hacía gestos de dejarlo y no esperarlo. A mí me daban ganas de llorar porque ya estaba viejo y más lento. Era muy piadoso y respetuoso de la ley de Dios.

    Siempre recuerdo a Otilio y todo lo que hizo por nosotros. Realmente fue un abuelo ideal. Recuerdo los dos perritos tucos que tenía y lo mucho que los quería, recuerdo los viajes que hacía al gallinero con su radio transistor oyendo música o noticias. Recuerdo las gestiones que hizo con su amigo Isidoro García para que me dieran préstamos estudiantiles semestrales para pagar la matrícula y algunos libros en la Universidad Católica en Ponce. No hubiera podido estudiar sin esa ayuda.

Me entristecí cuando se enfermó con aquel cáncer tan horrible del sistema genito-urinario. Él, un hombre tan callado, tan autosuficiente, tan limpio y viéndose imposibilitado. No tenía quién lo cuidara. Por primera vez mi mamá hizo un gesto y le dio el cuartito de Manuel para dormir. Fue por poco tiempo porque muy pronto lo llevaron al Hospital de Veteranos. De ahí lo enviaron a pasar sus últimos días el Hospital Mimillas en Santurce, en la Parada 22.

Era 1968, y yo trabajaba en la Parada 19 en Santurce con el Departamento de Salud. Iba en mis horas de almuerzo a verlo. Le daba su comida ya fría y llamaba a algún enfermero para que lo asera. Le gustaba oír radio, pero en el hospital se lo robaban cuando dormía. Nunca preguntó por mis padres, pero sí lo hacía por mis hermanos. No quería morir sin ver a Franchito, que estaba en Lafayette, Louisiana, estudiando. Yo lo consolaba diciéndole que pronto vendría de vacaciones, que no se apurara. Franchi llegó y lo vio. Pero todos se iban y se volvía a quedar solo.

Estuve cerca de un mes yendo todos los días al mediodía hasta que un día no lo encontré. Pregunté con tristeza por él y me informaron que había muerto hacía unas horas. Me explicaron que el señor Francisco Barreras Ibáñez, un tío político mío, había llegado a verlo y se encontró con su muerte. Que había cogido su aro, del que una vez Otilio me dijo era símbolo de castidad, y que había avisado a mi papá. No recuerdo el día exacto de su muerte, pero fue en agosto de 1968. Regresar al trabajo fue difícil.

No me avisaron para el entierro. Nadie me dio el pésame ni yo se lo di a nadie, pero lo he recordado siempre como alguien especial.

Aprendí de él a vivir en soledad y el sufrimiento callado. Nunca le dije que lo quería, aunque me moría de ganas de haberlo hecho.

Aún hoy Otilio acompaña mi vida. Me acuerdo de él casi a diario sobre todo cuando observo la ingratitud y el desamor, porque de ellos fue objeto, aún siendo cualidades opuestas a él. Sé que vela aún por mí y yo le pido que me dé la fortaleza que siempre le acompañó.

La rosa dormida

Se introdujo en mi alma a la edad de veintitrés años un personaje que quedó fuertemente arraigado a mi vida. Era un hombre elegante, de cuerpo grande, de caminar lento pero seguro. Era de poco hablar y de mirar profundo. Poseía una nariz bonita. Todo su físico era atractivo. Se le dio el don de tocar la guitarra, específicamente el requinto, de manera rítmica e inigualable. Nunca hizo alarde de su destreza al intepretar, por el contrario, le gustaba pasar desapercibido. Creo que se podría considerar un hombre humilde. Componía melodías como nadie y musicalizaba poemas de poetas conocidos e importantes. Lo hacía magistralmente. Sentía un gran amor por su patria, Puerto Rico, y estoy segura que hubiera dado su vida por ella.

Recuerdo el día que lo vi por primera vez. Nadie nos presentó, pero supe que nos habíamos flechado mutuamente. Una semana después me localizó y cada día mi admiración por él aumentaba. En cierta ocasión me obsequió una rosa pequeñita que había arrancado de un jardín. La guardó en el bolsillo de su gabán y cuando me la entregó estaba mustia. A mí me emocionó tanto que la puse con cuidado en un lugar de mi habitación para que no se estropeara más. Se puso seca, pero firme y se me ocurrió montarla en un cuadrito estilo urna.

Aún se conserva en el cuadrito pasados ya cuarenta y nueve años. Yo la llamo "La rosa dormida", igual que la canción que él tocaba en su guitarra, de la autoría de Alexis Brau.

Reflexiono mucho cada vez que la miro. La tengo en la cabecera de mi cama. Pienso muchas cosas, todas bonitas. Ese personaje llenó mi vida de amor y me regaló tres hijas buenas y hermosas. Fue el amor de mi juventud, de mi adultez y mi vejez. En fin, el amor de mi vida. Mientras miro la flor pienso que "no está muerta mi flor, sino dormida".

NOTAS

Made in the USA
Columbia, SC
20 November 2019